精油摸香讀懂你的心

新編

／作者簡介／

謝淽芝（Grace）

英國 IFPA 高階芳療講師
美國 NAHA 芳療協會認證國際芳療講師／高階芳療師
國際心靈芳療 NLP 心靈療癒師
日本色彩情緒療癒師
中國中科院認證高級心理諮詢師／催眠師

擅長香氣與情緒的控管、人際關係與協調、中醫與芳療運用。活躍於各大國際精品品牌活動御用講師、運勢調香師、香氣療癒師。

經常受邀在海峽兩岸的課程演講、各大品牌企業活動中擔任專業講師。致力於專業芳療教育培訓，以及將香氣與不同型態產品結合，擅長利用氣味調香來調整情緒並直達人心，有調香小魔女的稱號。

Wechat 中國導讀區

FB：Grace 的摸香世界

推薦序 1

這是我研究芳香療法 15 年以來， 看過與市面上所有的芳療書籍中非常與眾不同的一本工具書。市場上很多前輩老師寫了很多精油專業書籍，讓我們提升了專業知識，但這本《精油摸香讀懂你的心》是一本對我們愛精油的人是很實用的工具書，用香氣就可以解讀人心！或許你會想「香氣」真的有那麼奇妙嗎？在我們的課程中我們已經印證了上千次就是這麼不可思議。

Grace 老師是我們 AFA 芳療協會中具有傳奇特色的老師，從第一次看著她來上我們的國際芳療師培訓課程，短短三個月上完別人往往要花 1 年以上才能拿到的國際芳療師／芳療講師，讓自己從初學者到現在成為時尚精品界御用的芳療老師，從原本剛接觸時對精油的不了解到現在用香氣就可以解讀人心的魔女級老師，我想這一切都是她應該擁有的，因為她願意在大家追求標準答案的時代中，做出了與眾不同的選擇與改變。所以 Grace 老師成為了她理想中的 Grace 老師。

在這情緒壓抑的時代，壓力壓抑了你的心與腦，很多話、很多委曲想說卻說不出口，但是香氣很有趣的是可以引導我們的內心，透過夢境或摸香的方式都可以讓我們一般人洞察我們自己。

我想這不僅是神奇、有趣，更是另一種實際的獨家技巧，祝福所有閱讀這本書的朋友知識暴漲，如獲珍寶。

美國 NAHA 芳療與美國 ABH 催眠協會
國際分校校長　林玉翔（Ethan)

推薦序 2

你我都知道，我們都有潛意識。潛意識的力量，是意識的數萬倍。所以，我們要善用潛意識的力量，來幫助我們——化解困難、突破自我、達成目標。以上的說法，相信大家都已是耳熟能詳，然而，要真能實踐以上的論點，其實，有個必經的「挑戰」——潛意識的語言，是不同於我們日常溝通所用的意識語言。如果，我們無法與潛意識有效的溝通，又如何能善用它，來幫助我們化解困難、突破自我，達成目標？

潛意識的語言是偏向感性的、圖像的、象徵的，就如同「潛意識語言」所運作的產物——「夢」，是不能用「意識語言」，來加以直接詮釋與理解。此時，倘若我們把具有無限潛能的「潛意識」，比喻作我們日常生活中，功能強大的「電腦」，然後，再把不易理解的「潛意識語言」，比喻作艱澀難懂（一堆 0 與 1 組合）的電腦語言，那麼，我們就不需要去猜測那一堆 0 與 1 所組成的「電腦語言」，到底，它是什麼意思？因為，我們所需要的，只要一個解碼之用的螢幕，當做一個溝通的平台。如此一來，你就可以用你能夠理解的方式，在這螢幕（溝通平台）上，進行雙向的互動交流，你不僅可以理解電腦的意思，也可以將你的想法，傳輸給電腦來執行工作。Grace 老師的這本書，即巧妙且優雅地，扮演著如同這般功能的「潛意識訊息」——解碼器／溝通平台！

當眼見書中的那句「用玩的方式，解決內心深處困擾」，我不禁會心一笑。筆者從事 NLP（Neuro-Linguistic

Programming, 神經語言程式學）的講授與培訓，已近 20 個年頭，我總是在課堂上，對著學員們，打趣的說：「NLP 就是 Now Let's Play!（現在，我們一起玩！）」，以著趣味、實用、不僵化的教學風格，來呈現此一簡捷且快速有效的心理學理論與技巧。同時，本書的「用玩的方式，將『植物能量』與『潛意識語言』結合，利用身體智慧，找出內心問題的癥結點後，就能正確調出能療癒內心的『療癒香氣』，增加人與人之間的互動、聊天的話題…」，這也和筆者所認定的 NLP 真義：「運用語言（L）的傳遞，經由神經（N）／五種感官（視聽觸味嗅）的訊息接收傳輸與儲存，來達到如同程式（P）般產出的目標成果，兩者實有相互呼應與揮灑之妙。接著，書中提及的「能發現與親密的人爭執後，快速找出彼此的不平衡點，再退一步，去看整個事件，讓事情簡單化，以達到彼此釋懷之目的…」也會讓人自然聯想起 NLP 的結合／抽離 與角色觀點轉換等多重描述之技巧（於此，也看得出 Grace 老師於 NLP 領域的內化與涉獵。）

近年來，對於「人際關係」的議題，許多人還在糾結的是——到底是要培養「被討厭的勇氣」不在意別人如何看自己？還是，去致力於人脈的經營，努力學習「跟誰都能聊不停」？說不定，在這「糾結」時刻，你的『選擇』，可以是——「坐下來」，「放輕鬆」，讓這本 Grace 老師的《精油摸香讀懂你的心》告訴你：「如何用『玩的方式』，讓你掙脫於左右為難的選項之間，轉而進入一個充滿資源、無限神奇的『魔法夢境』。」

華人 NLP 暨催眠教育推廣中心執行長
Hogan Lee（李玉光）

推薦序 3　多元觀點讓香氣更繽紛

與精油的第一次接觸，是受類風濕關節炎侵擾最劇之際，原是音樂教師的我，因多處關節受損而失去工作能力，無法彈琴、指揮的日子裡，思考著生命際遇，酸甜苦辣究竟要嚐出什麼滋味，才得以安然無懼？偶然機緣，學生家長贈予的精油，給了我久違的安眠，驚喜之餘，領悟了「芬芳」原是最寧靜的撫慰，療癒已在呼吸之間。

往後的日子，潛靜而虔敬地師習植物能量，病痛因醫藥與芳療的守護而緩解，精油幫助細胞再生的效益，教我深信生命可以更新……香氣姿態，在有限的嗅覺詞彙裡，顯得抽象又縹渺，但它所觸動的，往往是心靈與精神最渴望被理解、尋得共鳴的「感應」，這是一種難以訴諸言語，亦毋庸贅詞的陪伴。

欣聞 Grace 新作付梓，相對於領域中許多嚴謹的專業著作，「精油魔法」是主觀而直觀的概念，集結熱忱分享的實務經驗，真誠傳遞美好感受、動人故事…點點滴滴，無論是摸香的或然率與靈感，或是夢境耐人尋味的圖像，我想，植物香氣所賦予的，是它無私而寬容的力量，無論依循特質、脈絡之邏輯，抑或是隨順機緣的碰撞，它既是火花，也是啟發。

一本兼具臨場感與心意的讀本，是難能可貴的！精油訊息的傳遞之外，它在生活場景與香氣體驗的呈現中，如此直白，卻率真可喜，多元觀點讓香氣更加繽紛，期待這嚴肅專業以外的生命實境，讓更多與香氣邂逅的靈魂，會心一笑！

芳香美學家
陳惟芳

Contents

精油摸香之緣起

我用精油摸香測出～孩子在校車上被霸凌了一學期
我用精油摸香測出～好友夫妻之間的誤會
我用精油摸香測出～老太太內心長期的不滿及不甘願
我用精油摸香測出～說不出口的疾病
我用精油摸香測出～孩子與父母的溝通問題
我用精油摸香測出～男人的無奈、女人的無助……

這只是我的微小能力，卻解決了許多人們長期藏在內心的問題，後來我明白了，原來治癒一切創傷的不是時間，而是愛及另類的方式。

現在，我想把這另類的方式分享給你們。

我想，很多人和我一樣會接觸精油芳療，原本的目的一定是想療癒身體上某個難癒的症狀。

而就在我陸續參加美國 NAHA 芳療師、高階講師、AFA 心靈療癒師……等等的認證課程後，我才驚覺，原來很多身體上不容易治癒的疾病，很有可能是來自於情緒上長期的翻騰、轉折、堵塞後，又不知該如何「放下」。而病因的源起，大部分又來自於與人「相處」產生的問題，以及不甘心。

所有煩腦都來自於人際關係

你們發現了嗎？很多時候，誤會的產生，都是來自於人與人之間的互相曲解到言語風暴，最後導致不諒解的後果。而會互相曲解的原因，大部分是一個不說清楚、一個不問清楚的溝通問題，然後，這兩個人就開始內心煎熬、焦躁不安的胡思亂想起來，甚至因此隱藏這些情緒。

就是這些情緒，時間一久，就引起心因性導致的失眠、胸悶、腸胃不適、皮膚問題等症狀，彷彿全身都有問題，全身都感到不對勁。

其實，解決彼此的心結說起來不難，只要雙方坐下來好好聊聊就可以了，但是，這看來簡單的事，對於彼此已有嫌隙的雙方卻是一件很困難的事，因為他們面對的心結就彷彿是一個很難抬起腳跨出的一個門檻。

精油摸香的誕生

所以針對這個問題，我想尋找一個好用而有趣的工具，來幫助有如此問題的人解決這個問題。

在因緣際會下，我把在 AFA 芳療學院學到的「摸香法」加以研究、分解、組合後，就帶著我的摸香包全世界走透透，逢人就玩一下。因為我想證明，植物的能量能夠跨越國家、種族、氣候。

就這樣，我完成了超過1000人次以上的案例，更在一次次眾人驚呼「太有趣！也太有意思了！」之下，我決定要出書了。（因為太多人問我：「要去哪裡學『摸香法』？」）

用玩的方式，解決內心深處困擾

首先，我並沒有打算要寫一本非常專業的芳療書。（畢竟市面上的專業芳療書已有很多很多。）

我寫這本書，只是想告訴喜愛芳療的你，芳香療法除了可以薰香、嗅吸、塗抹外，還可以拿來「玩」。

用玩的方式，將「植物能量」與「人類的潛意識」結合，利用身體的智慧找出內心問題的癥結點後，就能正確調出一個能療癒內心的「療癒香氛」。用玩的方式，可增加人與人之間互動、聊天的話題，縮短彼此溝通的距離。

用玩的方式，能發現與親密的人爭執後，快速找出彼此不平衡的點，再退一步去看整個事件，讓事件簡單化，然後達到彼此釋懷的目的。

用玩的方式，能看到人心最深處的困擾，適時給予一個溫暖的擁抱，或拉他一把。

用玩的方式，可找出困擾已久、身體上的問題。

除了上述功能外，最有趣的是：當你有無法抉擇的困難時，精油摸香也可以幫得上忙哦！

植物不可思議的能量

我一直很相信植物的能量，尤其是在我手中一件件有如魔法般神奇的案例出現後。也因為透過案例使用前、使用後，檢測過程的改變，更使我很有信心的以這不可思議的方式，來協助心中有困擾的每一個人。

在每次摸香的過程裡，我是可以感受到一株株植物就像一個個精靈般的站在我面前，並透過我們能彼此溝通的語言告訴我：當下正在摸香者他內心的困擾或煩躁，讓我能用簡單的方式協助他，即使只是幾句鼓勵的話也是好的。對於可以給有困擾的人們做這樣的協助讓我很開心，也很樂在其中。

別誤會！我並沒有神通的能力，我有的只是植物摸香的翻譯功能，這樣的翻譯功能只要稍加練習，你也是可以擁有的。

來吧！請跟著我，一起進入有趣的摸香遊戲吧！

植物就像一個個小精靈，擁有不可思議的能量。

摸香遊戲規則

既然這是一本精油魔法書，就會有些摸香規則要遵守及注意。

我會想出版這本書，除了許多學生的叨叨唸唸外，還有太多太多人驚訝它的神奇，而我更想用最簡單的方式幫助人與人之間的溝通 或找出每個人身體或心理所隱藏的問題！

摸香前的注意事項

在摸香過程中，切記！**心要善、也要正，要以解決問題為主**，不可以太玩樂式的八卦或幸災樂禍的聊起他人的隱私，不然你的精油也會不想理你，讓你想測也測不到哦！

再重複一遍。切記！要遵守以下原則：**不八卦！也不八卦式的傳遞別人的隱私！**

因為我們自身沒有魔法、神力，所以對於所有摸香的結果，我們只是中間一個傳媒及翻譯者。許多人都有去過廟裡拜拜、求籤的經驗吧！當你求了一支籤、抽了籤條，到時就會有廟公或廟裡負責解籤的解籤師幫你解釋籤文，而摸香的我們就是類似解籤者的這種身份。

摸香時要準備的工具

❶ 一個束口的小袋子

＊提醒：必須有點厚度，而且樣式是你自己喜愛的。

❷ 摸香時要使用的精油

要進行摸香的精油，其成份一定要天然植物萃取的純精油，不能有任何化學成份或稀釋過的。

＊提醒：假裝是精油或是純露都不行哦！

那麼，摸香精油要怎麼準備呢？

本書後面會有介紹。在準備精油時，每個脈輪至少要挑二支起跳（如果是用 2ml 的小瓶子，至少要各裝一半才夠。）想用本書附贈的「摸香卡」也可以，只是若是使用精油，它的能量會更強一些。

摸香的方法（精油版）

❶ 單問一個事件的 Q&A

方法　心裡先想著想要問的問題，例如，工作或感情、課業。然後左手伸進袋子裡，心想：「請精油給我一個方向」，接著，抓 1 支精油就好。

解讀方法　每支精油瓶都會有不同的解讀法。

★問事業：例如，檸檬、萊姆（象徵：收成）。

★問感情：例如，天竺葵（象徵：很需要被愛）。

★問關係：他和我的關係。例如，絲柏（象徵：朋友）、冬青（象徵：夫妻）。

*當有些問題只是想知道 Yes/No 時，也可依照此步驟抽一支精油。答案在本書最後附錄中。

❷ 測本人性格及最近的困擾或隱藏在心裡的困惑

方法　請先什麼都不要想，用直覺的潛意識，將左手伸進袋子內，攪拌一下精油瓶，依序抓出 1、2、3、4 支精油。

解讀方法　我們這裡教的是抓四支精油，分別代表的是：

★第一支外在：外表表現出來的。

★第二支內心：內心準備好的，或想表達的。

★第三支潛意識：內心深層的渴望，及隱藏在心裡的想法。

★第四支解決方法：目前棘手問題如何解決。

關於摸香後，拆解不同位置的精油時該如何翻譯？在摸香的組合中通常會有無限的可能。

Example

假設一個袋子裡有不同的精油 28 支，以岩蘭草為例子，在摸香後，可能會出現在第一支，或第二支，或第三、第四支的位置，但絕不會同時出現二支岩蘭草。所以，如果出現在不同位置時請找對應解法（翻譯）：

解法

外在	內心	潛意識	解決方法

這是一個踏實而又有安全感的人。	缺乏安全感，心裡感覺不太踏實。	對於安全感很匱乏，或者會轉移到物慾上。	不用擔心，照著你想的方式去進行，會順利的。

摸香的方法（卡牌版）

❶問單一事件的 Q&A：

方法 洗牌時就可以想著你要問的事情，牌洗好後，平鋪在桌上，左手放在牌上滑動，按直覺挑出一張牌即可。

洗牌時一邊可以想著你要問的事情。

將牌平鋪在桌上，左手放在牌上，與心裡所想要問的問題連結後，直覺挑出一張牌。

❷測本人性格及最近的困擾，或隱藏在心裡的困惑：

方法　先把牌卡洗一下，平鋪在桌上。把左手放在牌上，讓牌與你的心裡所想要問的問題連結後，再將手從牌前滑到牌後，在這過程中隨手抓出你要的四張，請一張一張依序抓出來。

當你耐心的把遊戲規則看到這裡時，非常讓人敬佩，值得給你一個讚！因為不看遊戲規則一定弄不懂這本書。

接下來，我們實際玩一次

請把牌卡拿出來，現在，我們來玩一個最簡單的摸香遊戲，試試你的魔力如何。

摸香題目：

「你在乎的人，需要你用什麼方式對他？」

操作方式請參照上述卡牌版「問單一個事件的Q&A」。當你抽出來的牌，是以下精油時，即可對照後方說明。

精油	對應脈輪	解語
岩蘭草	海底輪	給他安全感。
生薑		給他一點時間，只要關心就好。
廣藿香		信任他，金錢能量的給予也重要。
花梨木		他需要協助。
快樂鼠尾草	臍輪	不要對他期待值拉太滿，還有很大空間。
丁香		讓他靜一靜。
天竺葵		想要時時刻刻被愛。
黑胡椒		用有趣的方式對他，也給他點靈感。
檸檬	胃輪	欣賞他、稱讚他。
萊姆		他感覺被壓迫了，多給他點空間。
檸檬香茅		給他安定感，或帶他去運動。
杜松漿果		他有很多擔心，需要被保護。
永久花	心輪	打開他的心，你們需要和解。
佛手柑		鼓勵一下他，讓他自己鬆開心結。
伊蘭		就想膩在一起。
苦橙葉		他付出的太多，需要被照顧。
茶樹	喉輪	溝通，跟他一起前進。
尤加利		快速更新狀態，或直接的溝通。
豆蔻		領導他，解除他的迷惑。
羅文莎葉		很多話說不出口，需要引導。

甜羅勒	眉心輪	強勢的對付他。
葡萄柚		想要有連結，或在一起。
冷杉		處於高冷狀態，先別碰。
冬青		把他當成另一半，請支持他。
薰衣草	頂輪	對他溫柔、關心及多點付出。
絲柏		他會想很多，需要循規蹈矩的回應。
維吉尼亞雪松		展現你的能力，讓他服氣。
側柏		對他心軟一點，多點私心，不能兇。

看了上述，你覺得如何？好玩嗎？如果你覺得很靈驗，那就對了！原來你也有神奇的魔法呢！

如果覺得一般般，那就先從「心」調整態度。**請你先相信它，也相信你自己**。

因為，植物精油是很乾淨的物質，它們的世界很單純，因此可以測出最乾淨的你、我、他。如果過於複雜的思路，精油會無法反應、斷線、聽不懂你的指令哦！所以，當摸香有阻礙時，就請先把精油（或精油牌卡）收起來，先調整一下，隔天再測吧！

測不準時怎麼辦？

也許你會問：會不會有測不準的時候呢？當然會。所以，你要摸香前必須先和你的精油好好溝通。好好說話很重要，要把精油當成朋友或家人般愛它，這樣一來，它一定會幫助你的。

在摸香時，有的人除了測不到外，也可能是不想承認摸香的結果，尤其是自己解自己的摸香結果時。但那也無傷大雅，就當它是一個遊戲，千萬別太認真去與人爭辯。因為我自己測時也常常自我耍賴、不肯承認測出的結果，非要別人來幫忙解香，我才會屈服。所以，請記住這就是**一個遊戲哦！**

那自己怎麼解自己的摸香結果呢？

其實有兩種方式：

1. 請和你一樣會解香的同伴幫你解香、翻譯。

2. 如果自己解完但不想承認摸香結果也沒關係，只要找到摸到精油與對應脈輪的位置，擦了精油後再去睡覺，在夢中，精油會幫你消耗掉一些不好的能量，最好能持續 3 天都這麼做。

如果真的怎麼測都不準，那只能在見面會時，再拿來給我解香或翻譯哦！

關於書中的配方

請大家放心！這些配方的味道都不會太奇怪，畢竟我可是調香小魔女呢！這點功力還是有的。

我的配方基本上都是氣味愉悅、讓人開心或放鬆的。但要注意的是：調香時請保持心境的平和及穩定，這很重要哦！

在書上，我不寫「**滴數**」的原因，是因為氣味是一種**很主觀**的東西，每個人的嗅覺神經系統也不是都一樣的。我喜歡的味道不一定是你們所喜歡的，所以配方只是參考，為的就是告訴大家該植物的療癒功能。

如果有興趣想試試我的配方，有一個很簡單的321守則：

即最愛的「3」、還可以的「2」、不喜歡的「1」。基本上它們的氣味都蠻不錯的。

本書中的配方，使用方式是以薰香為主，也可以做成油性香水（即加荷荷巴油，1：10）。配好香之後，你可將它當香水擦，或找個漂亮的精油香水容器隨身帶。也可以加上乳液當成身體乳液來擦。不過，因為我不知道你們是使用什麼品牌的精油，最安全的方式，還是請先用植物油稀釋一下再擦哦！

如何保養工具？

如果精油一天內被太多人測過也記得要讓它休息，不然再測時的準確度也會降低。

精油保養法：可以把它們放冰箱裡冷藏 2～6 小時冷靜一下，或放在有陽光的地方靜置（不要直曬哦）。

精油牌卡保養法：要將牌卡裝在避光的袋子中，再放在一個隱密的櫃子裡，讓它們獨處一下，好消化掉一些不好的磁場。

接下來，開始吧！給自己一個直覺的、開啟的機會！ GO ！

脈輪的由來及使用

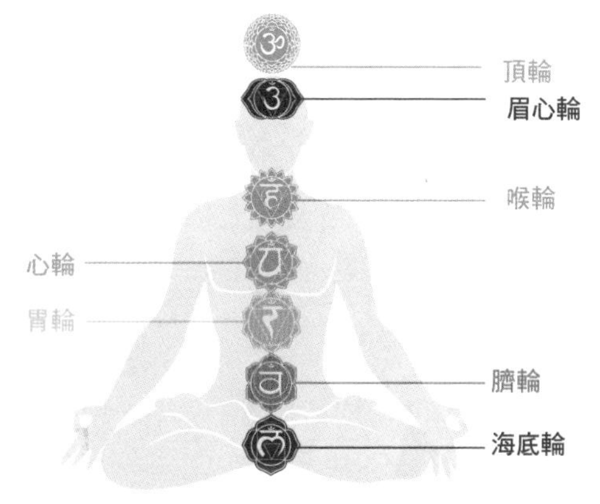

何謂脈輪

傳說，大約在3000年前的印度，當時的人們受到疾病的侵害。於是，有一群被稱為「Rishis」（瑞希）的智者，為了免除當時人們的病痛，集體來到喜馬拉雅山麓靜坐冥想，共同研究克服疾病的方法，並記錄完整的醫療體系和治療的知識，這就是所謂的「阿育吠陀療法（Ayurveda)」，它意指「生命與智慧」，在梵文中有「長生智慧」之意，是一門關於健康的古印度醫學知識。

「脈輪」與「能量」，源自於Ayurveda的「人類能量學」。他們相信，當人一出生時，每個人身上都會包覆著一個發光體，體內含有七個脈輪。脈輪就是旋轉的一個能量盤，它在身體內的七個輪內，以順時鐘的方向不停地轉動，因此讓身體的能量可以源源不絕的產出。就像音符裡的 Do、Re、Mi、Fa、So、La、Si 一樣地往上盤旋；而脈輪紅、橙、黃、綠、藍、靛、紫的光芒，在身體特定部位一圈圈地轉動著。

各脈輪代表的意思

脈輪的轉動，是讓情緒與疾病間能相互平衡，也強調身體的自我保護及自我療癒能力。

當脈輪的開放、關閉，過度張揚或微弱散發的能量，都會影響一個人身體或情緒上的改變。

這不僅僅只是內心心靈上的「過與不及」，更對應到了身體裡的疾病及其所造成的影響。

脈輪共有七個輪圈，由下往上的排列如右頁。

雖然每個脈輪都有自己的意思 不過也可以簡單地分成三大區塊來解析：

上方三脈輪（即藍、靛、紫）：為溝通及思考的脈輪，也是人類一直進化後的需求。

下方三脈輪（即紅、橙、黃）：為行動脈輪，也

七色脈輪輪圈

脈輪	代表的意思
海底輪	意為安全感、生存。
臍輪	臍輪。意為情感、創造力、性感受。
胃輪	意為勇氣、力量、尊嚴。
心輪	意為愛、療癒、平衡。
喉輪	意為溝通、表達。
眉心輪	意為直覺力、想像力。
頂輪	意為理解、洞察、超越

是最原始的需求。

中間脈輪（即綠色）：為心輪，是主導的愛，用來分隔上下兩大脈輪。

因為印度阿育吠陀主張：愛可以化解所有的一切紛爭。有了愛，人們才能從原本只有自私的生存就好，到願意為他人犧牲奉獻。讓這樣的愛，從小小愛到大大愛，這樣才會有一直更進步的人類。

當脈輪不平衡時

而脈輪的能量也是上下流通循環型態的。當下方脈輪堵住或不再轉動，上方脈輪也會卡住。

例如，在愛的方面受到了創傷，關閉了→臍輪，因此封閉了愛與被愛→心輪，進而影響到喉輪→溝通及表達，也牽動頂輪→會胡思亂想、睡不好，最終受害嚴重的海底輪→極度沒安全感。

像這樣環環相扣的事件，我會揪出原始的那個源頭再一一往上解套、療癒，最後找出那條暢通的通道，來解決自己摸不清楚或找不到問題源頭的事件。

所以，這本書才會出現。用簡單的方式抓出心裡矛盾又揪結的問題。

我很喜歡用脈輪的方式快速地來幫個案解決問

題。或許這不是很絕對，也不一定每次都可以很順利的完成（因為有些人會抗拒與自己對話）這時我就會用另一種方式來開啟或面對自己，很多成功的案例都會覺得「印度脈輪」這種古老的智慧真的很神奇。

就這樣，簡單以「顏色能量轉動」的概念，再搭配上「植物精油」的引導使用，就可調整現代人因生活、工作壓力，造成身心靈缺乏而不自覺的狀態。如果你也感覺到，長期在身體的某個部位有腫、脹、塞、痛、悶的感覺，但又找不出原因，這時，對照一下脈輪圖片，或許也可找出問題的所在哦！

脈輪平衡才有愛，並能化解所有的紛爭。

來自植物的語言

在浩瀚的地球上，所有有生命的物種，都會有屬於它們對外溝通的語言。自古以來，用來當作我們治療用的藥用花草、樹木的語言是更有意思的。這樣的語言形成來自於其生長環境、外表型態、藥用療效及獨特的氣味等。

因為植物生長是有週期的，有時候還來不及跟它溝通它就死了。所以，聰明的人們，在植物還活著時，會在植物的種子、葉子、根莖、花朵等部位萃取出精油。藉由這種可以療癒人心的香氣，來延伸與人們的對話。

例如，薰衣草（象徵：母親般療癒的能力）、檸檬（象徵：新鮮、魅力無限）、玫瑰（象徵：熱烈的愛情）、乳香（象徵：天賦、禮物）。

當然，這樣的植物語言也是人類賦予它們的，為的是能在與它的溝通模式中，找到彼此間的共鳴點。

真實故事：來自羅勒的忠告

在一次連續五天的課程中，因為學生每天都要練習摸香。

有一個學生讓我印象很深刻，因為她很熱情、很有力量。神奇的是，在她上課的期間，每一天她都會抓到羅勒。更讓我們震驚的是，過了一個月，她再來上進階課程，她抓到的還是羅勒。

其實，我真的覺得她很有玫瑰的特質，有點霸道，但又熱情。但我也很想知道，為何羅勒總愛跳到她手中。

經過了解後，原來她的外表看起來強勢、也能幹，自己常悶著頭就處理好很多事，卻忽略了團隊合作的重要性，以至於在人際相處上有點不和諧。羅勒一直黏著她是想對她說：「你就是一個將軍、一個領導者。但將軍不可以一個人赴戰場殺敵，這樣會死的。你要睜大眼看看和你配合之人的優點，爭取 1+1 大於 2、3、4、5、6、7、8、9，這樣一來，才能把你的理念全面引爆。」接下來，我們就看到她逐步的修正自己的模式。

這就是神奇摸香的魔力哦！要知道，改變的是想法，還能調整人的既有模式。而有時候的改變是為了更美好的下一步。

諸如此類的事很多。比較有趣是，我和總編在校稿書的期間，當我們討論遇上有矛盾點時，我就請他摸香，結果他抓出一支絲柏。有人知道精油想跟他說什麼嗎？歡迎到 FB 粉絲頁告訴我答案哦！有禮物 ^^

接下來，我們就把脈輪及植物語言結合起來，開始學習吧！

羅勒代表的心靈能量：有能力的人找到方向。

各脈輪及對應的精油

海底輪與對應的精油

海底輪

梵文 Muladhara

表達意義：「基礎」。

掌管：基礎生存，生命能量、體力、安全感。

脈輪位置：尾椎、會陰。

對應身體的部位：免疫力、血液循環系統、便祕、肥胖、坐骨神經痛、膝蓋關節。

海底輪的能量，主要掌管來自身體下肢往地下紮根般的能量，就像是深根埋入土裡般的抓地力，使人感到安全、放心。

當海底輪處於**平穩開放的狀態**，你會覺得有種「紮實般的依靠」並溫暖的感受。做事沉穩、不驚不乍、氣場十足，就像有一個靠山一樣被緊緊地擁抱，感到很安全。也不會沒事不必要的懷疑他人，而且和身體感受緊密結合，也有充分的領域感，不會有被奪取的危機感。

但如果海底輪**過度開放了**，在過度追求安全感的過程中，會有很強烈的物慾、食慾和貪心感，會很想擁有原本你不一定需要的東西。因為有個聲音會引導、不停地提醒你—別人有，我怎麼可以沒有。

而在面對新事物或人群時，如果你容易覺得恐懼或緊張，這樣的海底輪可能**並未運轉**。在人際關係上也會比較弱勢或不想去和他人交往、碰觸。

療癒缺乏海底輪的方法：陪伴、傾聽、擁抱等很重要。

媽媽對於建立孩子安全感占有很重要的角色，因此，海底輪也代表著「母親」。

可使用精油進行療癒，包括**岩蘭草**、**生薑**、**廣藿香**、**花梨木**等。

以下將分別介紹這四種精油。

01 岩蘭草 Vetivert

在印度，岩蘭草被稱為「Khas-Khas」，意思就是「寧靜之油」。

它的根抓地力非常強，通常人們都要掘地三尺才能挖到它。因為根部的特殊結構，它的保水及抗乾旱的能力也非常強大，因此有足夠的能量可以守護海底輪，給予安全感、生存及戰鬥力的所在。

分享一些個案的案例：

長年睡不好（當然，會造成睡眠障礙有很多種原因），我首先會讓他先試試岩蘭草。岩蘭草豐富的三種倍半萜類化學分子，可以讓個案心中壓抑及深層的恐懼釋放掉，因此通常一試成主顧，反應很好。因為，安全感是一個人的根本。當孩子晚上睡不好或常說夢話、容易驚醒時，我也會幫他們擦點岩蘭草 1 ＋薰衣草 1 ＋甜橙 1 在腳底、肚子上及後頸，讓他們有足夠的安定感可以好好的睡一覺。

對於有些專門從事身體按摩或醫院的工作者，及有關靈學之事的工作者，會接觸太多不一樣的氣場，我也會建議這些人在工作時要擦點岩蘭草在太陽神經叢（胃輪）的位置，可以藉此護住自己的能量、保護自己。

如果遇到一些不乾淨的東西（即看不見的），可以把岩蘭草加在沐浴乳裡洗澡，這也很管用的哦！

岩蘭草對於強化血液循環也很有幫助。在冰冷的冬天，我會把生薑加岩蘭草，或歐白芷根加岩蘭草等擦在腳底，既補氣又活血，如果還能泡個腳會更好哦！

岩蘭草代表的心靈能量：穩定的安全感。

★Grace 老師解讀：

挑戰、競爭是一個人生存必備的生存條件，當你徬徨無助，感到害怕時，岩蘭草會帶給你踏實的安全感及生存能量，還有滿滿的戰鬥力。

★單一問題 Q&A 解析：

方法：心中想著某件事（說出來也可以），左手伸進摸香袋，請它指引一個方向，然後抓出的精油是岩蘭草時。

例如：

Q 某某某是個怎麼樣的一個人？

A 值得依靠及給予安全感的人。

Q 我現在最需要什麼精油？

A 岩蘭草，因為它會全力協助你、支持你，讓你穩穩地完成想做的事。

★摸香位置解析（方法參考 P17）：

摸出四支精油，岩蘭草出現在四個不同位置時，依次的解釋為：

解法

外在

別人看到的你：這是一個踏實而又有安全感的人。

內心

2

內心的真正想法：是個缺乏安全感的人，心裡感覺不太踏實。

潛意識

潛意識想說的話：對於安全感感覺很匱乏，或者會將這種需要安全感的感覺轉移到物慾上。

解決方法

不用擔心，照著你想的方式去進行，會順利的。

案例

28 歲女性，職業為白領工作（不設定問題，測出內心的困擾）。

★案例解讀：

這是一位讓人很有安全感的人，對於自己喜歡的事物會很熱衷，把學習當成是一種強化自己內在的能力。在內心深處，其實會想改變一些做事的模式。

雖然骨子裡覺得很多事都該有條理、有規矩地完成，但現實世界裡的需求和內心想法有點不同，所以很糾結在是否要不要改變上。

她要給自己一些時間及暖心的能量、一點一點的去接受自己的轉變。

★香氣解套法：

配方一：岩蘭草＋薰衣草＋薄荷（薰香）

心靈療效　給自己一個強大的安全感，肯定自己的想法，對自己再寬容一些。

配方二：岩蘭草＋花梨木＋伊蘭（薰香）

心靈療效　除了給自己一個無所畏懼的底氣外，更需要一個溫柔的靠山呵護著你，最後放鬆緊繃的神經，釋放你內心壓抑已久的魅力吧！

★從香氣喜好分辨出不同特質：

喜歡岩蘭草香氣的人：充滿安全感又穩定的人。

不喜歡岩蘭草香氣的人：需要依靠、易受驚嚇。

請肯定自己的想法，放鬆緊繃的神經，
對自己再寬容一些。

02 生薑 Ginger

薑，就是麻油雞裡放的薑嗎？沒錯，就是這個薑。

薑不只是地下根，也是莖。不僅能補身體、給予養分，還能儲存能量，對於外實內虛的人可以給予他滿滿的充實感。不僅是身體上，連情緒上的虛不受補（當人釋出善意但卻不願接受，還整天嚷嚷著沒人愛）的人，也很有幫助。

薑，對於腸胃消化不良、脹氣及冷冰冰的婦科系統很有幫助。有些孩子便便不成型，可以用生薑稀釋後擦肚子就會有幫助。另外，生薑＋薄荷順時鐘按摩，也可解脹氣；擦在手腕上嗅聞，對於緩解暈車、暈船也很有效。對於婦科，薑也是暖子宮、幫助循環、消水腫的好利器，但切記！使用在皮膚上時都要先稀釋後再使用。

薑對促進人體溫暖、協助循環、按摩關節生熱與養肝等都有幫助。在調製筋骨保養油時，我都會加入薑好幫助身體的循環。

對於神經系統，生薑也是補藥之一。它可以放鬆因為驚嚇後造成的恐慌或對他人的排斥。通常遇到有這方面需求的個案，我會先請個案用生薑＋檸檬＋桔葉，薰香後，再放鬆情緒。

冬天時手腳容易冰冷的人，在秋天時就可以開始在腳底擦上生薑＋歐白芷根，然後泡腳，讓歐白芷根把元氣往上引導。這時再加上生薑的能量，由外向內聚集，就會讓身體整個循環更加順暢。

秋冬薰香時，生薑＋甜橙的味道很好，能給予人溫暖的能量。

自古中醫就很愛用的薑，好處真是說也說不完。

生薑代表的心靈能量：能給予一個溫暖的能量，支持想改變的你走出去。

★Grace 老師解讀：

雖然這個環境很舒適、溫暖，但或許不是我想要的安逸，我想踏出去，給自己成長的機會。

★單一問題 Q&A 解析：

方法：心中想著某件事（說出來也可以），左手伸進摸香袋，請它指引一個方向。抓出的精油是生薑時。

例如：

Q 有一間我想去的公司，想問問是不是適合我？

A 那是個很舒適的環境，但要花一點時間才能找到你自己想要的定位。

Q 有個案子必須找人配合，想請問：「與某某合作會愉快嗎？」

A 對方是一個溫暖厚實的人，會帶給你很正面的能量。

★摸香位置解析（方法參考 P17）：

摸出四支精油，生薑出現在四個不同位置時，依次的解釋為：

解法

外在

1

別人看到的你：有能力的想改變現在的狀況，雖然它已是個很舒適的地方。

內心

內心的真正想法：這是一個安穩的地方（工作、家庭），但卻不能滿足我的需求，所以我想要離開。

潛意識

潛意識想說的話：很想突破自己、很想成長，已醞釀好久，想離開，卻走不了也不敢走。

解決方法

該捨棄的還是要捨棄喔！

案例

35 歲男性，有工作上的困擾。

摸香順序

外在

雪松

➡有能力的人

內心

2

生薑

➡想跳脫

潛意識

丁香

➡無能為力

解決方法

廣藿香

➡信任

★案例解讀：

這是一個很有能力的人，主管、下屬也覺得他很棒。他工作的環境很舒適，很多人都很羨慕，但卻無法滿足他的要求而想離開。不過，這件事讓他非常苦惱。或許是人情壓力，也或許是現實與夢想不能兩全。請相信自己想要的，不管做任何決定，金錢能量是充足的。

★香氣解套法：

配方一：生薑＋丁香＋小花茉莉（薰香或當香水擦）。

心靈療效　給予你強大的勇氣，化解心裡的無能為力感，讓這樣的溫暖力量帶著你走出去。

配方二：生薑＋晚香玉＋佛手柑（薰香或當香水擦）。

心靈療效　這樣被困在無味的環境中一定讓你很苦惱吧！來吧！讓這溫暖又愉悅的香氣陪你展翅高飛，找到你想創造的世界。

★從香氣喜好分辨出不同特質：

喜歡生薑香氣的人：底蘊很強的人、可以慢慢來、不急躁，身體偏寒涼。

不喜歡生薑香氣的人：易躁熱、虛不受補、情感上也是。

03 廣藿香 Patchouli

廣藿香，一聽就知道是來自東方的藥草，藥草一般都會有療癒的效果。廣藿香本身帶有潮濕的泥土味和藥草味，所以一般人單聞不會很討喜，但它的化學式裡面的倍半萜烯和倍半萜醇都很強大，因此，使廣藿香趨於穩定及平和。它不僅擅長處理人內心裡的包容力及化解不安、寂寞感，更可安撫驚嚇後的心靈。對於皮膚上的濕疹、龜裂；腿上的靜脈曲張、消水腫等都有幫助，是一種溫和又可協助循環的植物。

想不到吧！這樣不太起眼的植物功效竟然如此神奇。

更有趣的是，當人與人之間的關係已經找不到黏度、甜蜜，又或者是感受度、碰觸慾望低下的時候，廣藿香可以協助人們引發皮膚底下的觸覺接收器，來喚醒身體的感受及知覺，增加人與人之間的互動與肢體接觸。尤其是夫妻間的關係，廣藿香＋伊蘭也會有奇妙的閃電效果產生哦！

廣藿香也是業務上的招財油，薰香或是調香時放一點都很有幫助。

這麼土根味重的精油，居然可以幫助人際相處，還是業務上的招財精油，這是什麼原因呢？

這個問題的解答是因為：

廣藿香代表的心靈能量：信任！信任！信任！

★Grace 老師解讀：

要知道，人與人之間只要有「信任」，很多事情都可迎刃而解的。

★單一問題 Q&A 解析：

方法：心中想著某件事（說出來也可以），左手伸進摸香袋，請它指引一個方向。抓出的精油是廣藿香。

例如：

Q 想知道下半年我在工作上的發展如何？

A 下半年的你會很努力地表現，而被上司信任並更重用。

Q 我想問下個月的業績狀況如何？

A 你可以擦廣藿香在腳底或下腹，讓客戶更信任、喜歡你。

★摸香位置解析（方法參考 P17）：

摸出四支精油，廣藿香出現在四個不同位置時，依次的解釋為：

解法

外在	內心	潛意識	解決方法
	2		
別人看到的你：這是一位平和、穩定，足以讓人信任及依靠的人，而且能給予你滿滿的愛。	**內心的真正想法**：渴望處理事務可以更穩定、更被他人信任。	**潛意識想說的話**：發生有關「信任度」的事，心裡感到不是很愉快。	相信這件事對你是有利的。

案例

19 歲，男性，大學生。

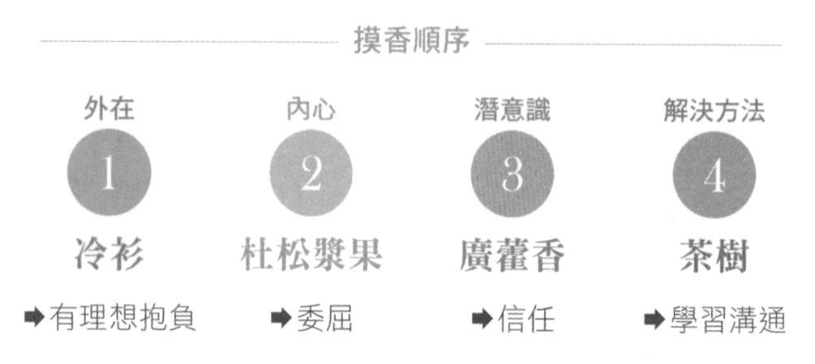

★案例解讀：

這是一個很有理想抱負的人，眼界頗高，在他內心深處有一件不愉快的事讓他覺得很委屈，又不知該和誰說。這個不愉快的事和朋友間互相信任的事有關，讓他有點焦慮。在與朋友的溝通中，應把內心的想法說出來，不要互相猜疑。

★香氣解套法：

配方一：廣藿香＋薰衣草＋天竺葵＋檸檬（薰香或當香水擦）。

心靈療效　讓廣藿香＋天竺葵的魔法，啟動你與他人的信任感。緊接著，薰衣草也可安撫你受到委屈的心靈哦！準備好重新啟動你的勇氣了嗎？

讓你不可言喻的魅力散發在你整個朋友圈中吧！

配方二：廣藿香＋快樂鼠尾草＋葡萄柚＋薄荷（薰香或當香水擦）。

心靈療效　日本作家村上春樹曾說：「不是所有的魚都生活在同一片海洋。」當你改變不了別人時，請降低一點期待值，看清現況，願意與身旁的人一起共創你心中的理想與抱負。別說不可能，試試這樣的魔法香氣吧！

★從香氣喜好分辨出不同特質：

喜歡廣藿香香氣的人：誠懇正直，賺錢能量很穩定。

不喜歡廣藿香香氣的人：容易三分鐘熱度。

當改變不了別人時，請降低一點期待值，
與他人一起共創心中的理想與抱負吧。

04 花梨木 Rosewood

最初聞到花梨木精油的香氣，就如同它的名字一般「花」與「木」這樣融洽到無法拒絕的氣味。沒多久，我就瘋狂的愛上它，每次調香時一定都會有它的位置。

後來深入了解才知道，花梨木不只香氣宜人，它的成份中有滿滿的單萜醇，對於身體上抗感染及強化免疫系統具有強大效果，而且又是老幼病弱常用的精油，在心靈的協助上更有輔助者與協調者的特質。它雖然看來不起眼卻不能沒有它。

花梨木在脈輪上其實是比較偏於心輪的，但它也是海底輪用油，我也喜歡將它用在海底輪，是因為當一個人沒有安全感、缺乏溫暖，導致身體循環及免疫力都呈現弱勢時，這時一定要有個大臂膀作為依靠。靠著這樣暖心暖身的大樹，從腳底暖到心窩。你們說：是不是該瘋狂的擁有它呢？

如果你迫不急待地想聞聞它療癒般的香氣，別急！請再等一下！先把以下的文章看完哦！

用於香氣調香時，花梨木也是一支非常好搭配的香氣，它不管面對什麼氣味，都能與不同的氣味協調的很好。所以，對於不善於情緒表達或在人際關係上常卡住的人，我一定會加上花梨木來幫助他。

花梨木代表的心靈能量：強大的支持力量，溫暖內心的冷漠。

★Grace 老師解讀：

人的一生會有很多挫折及委屈，當你孤單一人，當你找不到依靠時，就讓這沉默卻能暖心又暖身的謙謙君子陪伴在身旁。這愉悅的香氣會化解你心中的孤單及冰冷，在你最需要的時候一直守護你。

★單一問題 Q&A 解析：

方法：心中想著某件事（說出來也可以），左手伸進摸香袋，請它指引一個方向。抓出的精油是花梨木。

例如：

Q 我剛認識一個對象，想知道他是個什麼樣的人？

A 他是一個很暖心的人，就算自己很混亂，也會盡力的協助他人。

Q 昨晚做了一個噩夢，我有點擔心。

A 最近的你是不是有很多麻煩事，讓你又混亂又疲憊？擦些花梨木吧！他會給你一點力量脫離混亂。

★摸香位置解析（方法參考 P17）：

摸出四支精油，花梨木出現在四個不同位置時，依次的解釋為：

解法

外在	內心	潛意識	解決方法

別人看到的你：是個很暖心的人，很願意給予旁人依靠及支持。	**內心的真正想法**：覺得有些疲累及壓力，好想有個能支持或分擔壓力的人出現。	**潛意識想說的話**：渴望有一種能量可以支撐疲憊的心靈，把他從混亂的迷宮中拉出來。	支持你的人即將出現。

案例

40 歲，女性，職業婦女，面對生活及工作中的雙重壓力。

摸香順序

外在	內心	潛意識	解決方法

雪松	花梨木	冬青	苦橙葉
➡有能力	➡疲累	➡不想放棄	➡強迫關機

★案例解讀：

是很有能力及才華的人，在工作上的表現一直都很好，對自己的要求也很高。

最近可能是家庭與工作上的雙重壓力下，讓她覺得好疲憊。不想因此而放棄什麼，但很渴望有一個肩膀出現讓她靠一下。就一下下。如果可依靠的方式沒出現，就請強迫自己關機，休息是補充能量最好的方法。

★香氣解套法：

配方一：岩蘭草＋快樂鼠尾草＋花梨木（薰香或擦胸口）

心靈療效　有些事是必須善用智慧來處理的。如果是在認知上的不同，那就給彼此一個擁抱。這善解人意的香氣也會帶給你勇氣、智慧與依靠。

配方二：橙花＋花梨木＋廣藿香＋佛手柑（薰香或當香水擦）

心靈療效　送你一份有依靠、被寵愛及滿滿信任感的香氣，只為了想拿掉蓋在你優雅臉上似有淡淡憂愁的那層面紗。

★從香氣喜好分辨出不同特質：

喜歡花梨木香氣的人：樂於協助他人、溫和、有禮貌。

不喜歡花梨木香氣的人：冷眼旁觀所有事、過於敏感。

有時可以強迫自己關機，
休息是補充能量最好的方法。

臍輪與對應的精油

臍輪

梵文 Svadhishthana
表達意義：「安全舒適的小天地」。
掌管：親密關係，無中生有的創造力，想像力。
脈輪位置：肚臍下三指。
對應身體的部位：內分泌生殖系統、坐骨神經、性能力。

臍輪在肚臍下三指的位置，是身體熱情的源頭，也是一個人最基本的感受與需求的地方。

當此輪**運轉順暢**時，你的情感表達自如，而且表達時不會過度情緒化。你對於親密關係是採取開放的態度，感覺充滿熱情和活力，在性方面是供需平衡的。

但如果你感到身體僵硬、不愛被碰觸，缺乏情感或是常常面無表情，也不愛表達，則可能是臍輪尚未開啟（恐懼、強迫症、潔癖等也在此列），你就會對他人採取封閉的態度，或不會適時的給予對方愛。

當臍輪**過度張揚**時，會把熱情及對愛的需求，上升到一個自己無法控制的點上，例如，性上癮、酗酒或對藥物的依賴等，總是過度情緒化，並且把這過度釋放的情緒放在你認為有安全感的人身上。

孩子在幼兒時期的創造力（腎上腺素發育期），通常會和爸爸有密切的關係，因此臍輪也代表「父親」或男性長輩的影響。有時候行動力會化解情緒上的壅塞。因為孩子通常都不善於表達情緒，這時父親或男性長輩，就扮演一個很重要的角色——帶著孩子跑跑跳跳，創造不一樣的生活模式，讓孩子的情緒得以宣洩。

註：並不是媽媽不能做這些事，當然可以。但你們不覺得嗎？男人就是個大男孩。而且，媽媽要做及處理的事情已夠多了，就放點事情去給男人處理吧！也給自己一個喘息的空間。

現在再回過頭來看看臍輪的過度與不足。會造成這樣的情況，其實是來自於沒有安全感，或長期想逃避什麼而造成的。面對這種情況，我的引導方式，除了擦上對應的精油及轉動脈輪外，聽聽他傾訴心理的不平衡及擁抱他，這也是一個很好的方式。

可使用精油進行療癒，包括**快樂鼠尾草**、**丁香**、**天竺葵**、**黑胡椒**等。

療癒後跟朋友聊天，試著化解情緒上的壅塞。

05 快樂鼠尾草 Clary Sage

快樂鼠尾草，雖然和薰衣草一樣開著紫色的花朵，但掌管的脈輪卻不同。它是原始能量的象徵，莖葉大而有力，花朵豔麗。揉搓葉片聞了之後，有人說，像是男人的汗臭味，其實也就是費洛蒙的氣息，但它的力量卻是全面而溫和的。想像一下，就像有一雙溫暖的大手，覆蓋著你冰涼的小手一般地呵護著你。

當某時期的女性荷爾蒙強烈震盪下（例如，更年期），所導致的心慌意亂、胸悶、心悸或經期疼痛，用快樂鼠尾草加上貞節樹來平衡及放鬆，是非常好的。

快樂鼠尾草用來安撫及調整睡眠狀況也是一絕。

有一個案例是：他把工作目標訂的很高，但他沒有信心能達成。從月初到月中，他每天睡覺都胸口冒冷汗。我請他試試乳香＋快樂鼠尾草擦胸口，腳底擦岩蘭草，結果完美化解了他內心的恐慌。

另外，快樂鼠尾草也有「清徹之眼」的美稱，對於一些輕微的眼疾，如眼睛疲勞、乾澀等有幫助。

快樂鼠尾草代表的心靈能量：智慧、經營家庭及人與人相處間的智慧。

★Grace 老師解讀：

或許對於工作、家庭，會有某些想逃避、厭惡、不想面對及不想應付的人、事（誰沒有呢？）。

快樂鼠尾草會幫助你，用你的智慧或創造力去面對現實，與這個地球融為一體。

而我用它來平衡人與人之間的高度期待，會有很大的幫助。例如，父母對孩子的高度期待、夫妻間的高度期待、同事間的高度期待等，快樂鼠尾草都樂於協助及調整，而且是溫和、不帶侵略性的，還能協助化解個人的自我意識太強及不合群的態度。

或許你不是這樣的人，那就關心一下周邊的親朋好友們吧！或許他們正在自己的死胡同裡轉不出來。就用快樂鼠尾草幫幫他們吧！

★單一問題 Q&A 解析：

方法：心中想著某件事（說出來也可以），左手伸進摸香袋，請它指引一個方向。抓出的精油是快樂鼠尾草。

例如：

Q 明年我想跳槽到某家公司去，可以嗎？

A 對於這家公司的期待值先不要放得太高，因為會有一些相處的環節會讓你感覺有點煩躁，所以維持平常心很重要。

Q 兒子都不愛上學，總是想請假，該怎麼辦？

A 他對於和同學相處或學校給的教育模式不是很滿意，但不知該如何表達，只好逃避不想去學校。

★摸香位置解析（方法參考 P17）：

摸出四支精油，快樂鼠尾草出現在四個不同位置時，依次的解釋為：

解法

外在	內心	潛意識	解決方法
1	2	3	
別人看到的你：對於現在相處的環境感到有點困擾，覺得與自己的期待有落差、有距離。	**內心的真正想法**：看誰都有點不順眼，很想要脫離這個環境。	**潛意識想說的話**：覺得很多事與自己期待的落差太大了，一邊忍耐一邊想脫離。	會有點小失落是正常的。如果想維持現狀，就調整一下心態吧！

若摸香者為以下身分時

摸香者為未婚的人：工作、生活、朋友圈的相處關係居多。
摸香者為已婚的人：家庭關係居多。

案例

32 歲，家庭主婦（想了解心中有種不知為何的失落）。

摸香順序

外在	內心	潛意識	解決方法

茶樹	快樂鼠尾草	黑胡椒	雪松
➡學習	➡家庭困擾	➡創業	➡肯定自我

★案例解讀：

她是個對很多事都感到好奇而喜歡學習的媽媽。但或許是被困在家庭裡太久，讓她變得有點弱勢，有些情緒無法得到紓解，所以產生一些家庭溝通的問題。在心底，她覺得自己能力不差，可以去創業或做點什麼事。其實她不是想要賺多少錢，只是想讓自己的生活更有意義，也更有尊嚴。她是個好媽媽，但當完成階段性任務時，就要堅持自己的目標、找回自己。

★香氣解套法：

配方一：乳香＋快樂鼠尾草＋丁香。（請稀釋後薰香或擦在胸口及下腹）

心靈療效　當你困在這個環境而不得脫身時，請讓乳香來化解你心頭上的悶。快樂鼠尾草能平衡你生活上的期待值，讓你對許多事都能平心靜氣的看待、慢慢琢磨，最後讓最懂你對現狀無能為力的丁香來化解這些煎熬。「善待自己、等待機會」，這是我想送給你的祝福。

配方二：快樂鼠尾草＋艾草＋葡萄柚（薰香）。

心靈療效　首先，有智慧的溝通還是必要的。當然，萬萬不能放棄夢想！雖然現在分身乏術或還找不到該如何開始，但沒關係的，就讓葡萄柚牽著你的手，緩緩的，找到那個可以和你一起創業的夥伴吧！

★從香氣喜好分辨出不同特質：

喜歡快樂鼠尾草香氣的人：能平衡自己及面對的所有狀態，給自己及他人空間。

不喜歡快樂鼠尾草香氣的人：期望值拉太高、抓太緊。家庭的問題。正在找尋調整方式。

快樂鼠尾草能溫和幫助妳找到經營家庭，
與家人溝通的智慧。

06 丁香花苞 Clove Bud

其實丁香是辛辣而熱情奔放的香料植物。由於此精油取自於花苞，因此不得不收斂了許多，我是這樣解讀它的。在丁香還沒開花時卻被迫採下蒸餾，這有點像是遇到不對的人卻無法說出口，更無力掙脫，只能感到深深的無能為力。

雖然覺得丁香這植物有滿腹的委屈，但是在心靈療效上它卻是底蘊很深厚的精油。就因為它的心靈能量想表達：化解對於現狀無能為力之感，因此可以帶給人信心及溫暖的力量。忘掉過往的不愉快，也能協助你走出有苦說不出的窘境。

對於腸胃道感染，上吐下瀉，丁香花苞精油是首選。它更是子宮的滋補品，可以強化生殖機能。對於牙齦腫痛也有效果，但因為是酚類的精油，所以還是會有刺激性，建議使用在皮膚上時請先稀釋。

丁香代表的心靈能量：化解對於現狀無能為力之感，帶給人信心及溫暖的力量。

★Grace 老師解讀：

或許這世界對你有太多說不出口的不公平，但請你要保持勇敢、熱情，別放棄，也別把自己困住了。要有信念，就會有一條路可走。

★單一問題 Q&A 解析：

方法：心中想著某件事（說出來也可以），左手伸進摸香袋，請它指引一個方向。抓出的精油是丁香。

例如：

Q 對於目前的婚姻不是很滿意，想尋求解決的方法。

A 現在的你應該有很多說不出口的委屈及不公平，想解決卻無能為力。

Q 有個新作品要問世，有點擔心、不安。

Ⓐ 這件事作主的權利不在你身上，所以你有口難言，也只能靜靜地等待。

★摸香位置解析（方法參考 P17）：

摸出四支精油，丁香出現在四個不同位置時，依次的解釋為：

解法

外在	內心	潛意識	解決方法

別人看到的你：對於現在的環境，感到疲憊、消極、悶悶不樂，你周圍的人都發現了。	**內心的真正想法**：在生活上有一種無能為力感，不知道該向誰述說。	**潛意識想說的話**：這樣的無能為力持續了有一段時間，想放下而又放不下。	期待下一次的美好。

案例

26 歲，即將結婚的女性（不設定問題）。

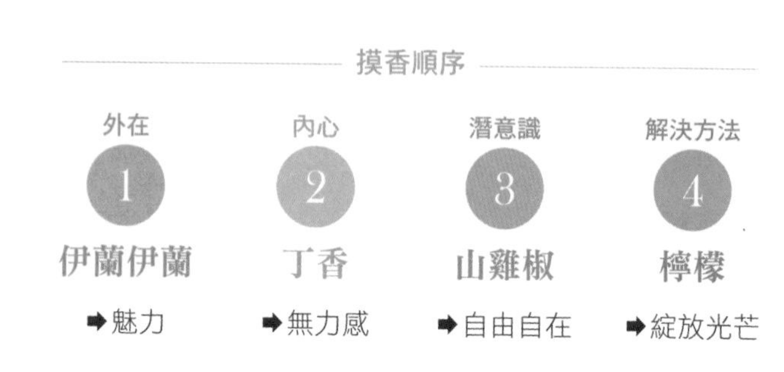

★案例解讀：

她是一個很有魅力、神采奕奕，讓人見了就很喜歡的人。很多事想自己作主，但一些人的意見影響到她的決定，讓她無法自由自在、隨興地生活。這件事已困擾一段時間了，讓她覺得很沮喪。每個人都有自己的光芒，別太在乎朋友圈的看法，妳就是妳。

★香氣解套法：

配方一：廣藿香＋羅馬洋甘菊＋丁香＋佛手柑（請薰香）。

心靈療效　這是個給予勇氣的香氣，它們想幫助你疏通心裡的結，挖出你心裡覺得被干涉而不舒服的地方，進而化解心裡最深處的無力感，勇往直前、不用顧忌，還給一個自由自在的你。

配方二：丁香＋葡萄柚＋檸檬＋甜橙（請薰香）。

心靈療效　有些事或許無法一下就能解決，但是當快樂小柑橘一擁而上地擁抱你時，為的就是抽掉你當下的沮喪、不安及陰霾，讓開心一直環繞著你，直到化解你無力的感受。因為生活是你自己的，不必過給誰看。切記！自己開心很重要。

★從香氣喜好分辨出不同特質：

喜歡丁香香氣的人：勇於突破難關的人。

不喜歡丁香香氣的人：正面臨無法解決的難題。

香氣能化解心裡最深處的無力感，勇往直前，還給一個自由自在的你。

07 玫瑰天竺葵 Rose Geranium

玫瑰天竺葵精油，取自於葉片，雖然花的外表豔麗，但氣味卻溫婉、淡然。雖不如玫瑰的濃郁渾厚、有霸氣，它卻有自己渾然天成的氣勢在。天竺葵善於周旋在某個圈子裡，但不討好也不依附，很清楚自己想要的，也知道如何尊重他人，對於衝突的緩解他有自己的一套方式。因此我很愛在調香時都加進它。

天竺葵對於什麼樣的人群都很適合，因為它會給予人們幸福感及快樂、喜悅、寧靜及強化神經、緩解高度壓力。所以男女都適用。

在我的摸香案例中，會摸到天竺葵的人，外表一定都很 Nice，但就是太會隱藏自己的內心世界。所以表面看起來很強大，但內心卻很脆弱，需要很多的關愛。

另外，天竺葵也和內分泌及泌尿系統的不舒服很有關係，但這樣的身體症狀反應，通常是情緒引起的。

有個個案讓我印象深刻：她三不五時就來詢問我——外陰長了一個硬豆很痛，要擦什麼？我有點不解，怎麼覺得她的症狀一次比一次嚴重。

有一次我們見面了，她摸出了「杜松漿果＋天竺葵＋丁香」，我很驚訝！因為她看起來很好，不像心裡有苦難言啊！經過仔細一問後她才想起，每次外陰長痘痘的前一兩天，都是她想起她老公和其他女人滾床單的往事，她覺得她的老公很髒，她很怕被老公再觸碰，於是拒絕了和老公同床。就這樣，這種不能對外述說的情緒引爆了自己身體的反應。當下我解釋完後，她哭了，我明白這樣的委屈是需要好好宣洩的，就抱著她讓她大哭一場，這也是一種情緒的發洩。

如果你的個案也摸到了天竺葵，那麼，為了撫平她在愛裡的委屈，先給她一個擁抱吧！

天竺葵代表的心靈能量：不要因為回憶而感到傷痛，其實幸福就在你身邊。

★Grace 老師解讀：

過去的就過去了，不屬於你的再怎麼努力都沒有用。看看你四周的人吧！搞不好，可以帶給你幸福的人就在咫尺之間。

★單一問題 Q&A 解析：

方法：心中想著某件事（說出來也可以），左手伸進摸香袋，請它指引一個方向。抓出的精油是天竺葵。

例如：

Q 有個暗戀的對象，想知道和他有沒有下文？

A 在這樣的關係下你需要比較主動，也要有點小花招，好讓對方發現你的存在，不然很容易被忽略。

Q 一直找不到喜歡的對象，求解。

A 是不是曾經有段舊愛讓你放不下，以至於你總覺得遇不到真愛。轉個身看看身旁的人吧！或許最適合你的他就在咫尺不遠處。

★摸香位置解析（方法參考 P17）：

摸出四支精油，玫瑰天竺葵出現在四個不同位置時，依次的解釋為：

解法

外在	內心	潛意識	解決方法
1	2	3	4 
別人看到的你：外表亮麗，看起來很溫柔，但在感情上卻有點坎坷。	**內心的真正想法**：心裡或許有個傷口還沒有癒合，和感情有關，想解決、想要幸福。	**潛意識想說的話**：忘掉過去的傷痛吧！療癒好傷口，幸福其實就在你身邊。	撿不起來的就不要了，對自己好一點。

案例

28 歲，男性，已婚（不設定問題）。

摸香順序

外在	內心	潛意識	解決方法
1	2	3	4 
天竺葵	冬青	葡萄柚	尤加利
➡需要被關愛	➡與另一半的事件	➡想跟誰一直在一起	➡直接溝通

★案例解讀：

看起來是個很 NICE 也有風度的人，但不知道和另一半相處上出了什麼問題，讓他有口難言。但他不想放棄這段感情，只想好好的一起手牽手走下去，因為她是他深愛的妻子。夫妻總以為很瞭解彼此，其實都有秘密。快速又直接的溝通，會改變以為的結果。

★香氣解套法：

配方一：廣藿香＋粉蓮花＋葡萄柚（薰香很棒）。

心靈療效　粉蓮花的香氣非常美妙，它帶著智慧與愛想要化解這不能說的祕密。或許因為溝通不良及誤會的產生，彼此對於「碰觸」這件事也暫停了。點上這款愛與包容的香氣，一起和她在家吃頓晚飯，或窩在沙發上看場電影、來杯酒，或許，你期待的手牽手，就會奇妙的發生哦！祝你好運！

配方二：香桃木＋天竺葵＋歐洲赤松＋檸檬（薰香）。

心靈療效　打開自己的內心看清楚，你到底在乎什麼？想要得到什麼？你跟自己說了嗎？

這樣的感情糾葛不會只單方面就能處理好，就讓天竺葵給你滿滿的愛，歐洲赤松借給你太陽般強大的能量，讓你勇敢去面對，找出雙方都想要的結果，讓這件事完美的解決。或許一開始會很難，但不想放棄就只能面對了。去吧！願檸檬的魅力讓你有無比堅強的後盾。前進吧！GO！

★從香氣喜好分辨出不同特質：

喜歡玫瑰天竺葵香氣的人：享受被愛的感覺。能讓自己充滿能量，是柔軟又溫和的人。

不喜歡玫瑰天竺葵香氣的人：追求完美、會在乎過多細節。很在乎別人如何看自己，容易引起焦慮。

讓玫瑰天竺葵給你滿滿的愛，勇敢去面對，找出雙方都想要的結果。

08 黑胡椒 Black Pepper

黑胡椒的化學結構裡含有高含量的單萜烯，它能夠快速地滋補神經，讓神經的傳導非常有勁，有效的提升免疫系統而且又能補氣、促進血液循環，使淋巴的循環很快速，還可以扼止肌肉的疼痛。

黑胡椒，除了促進血液循環外，它對於消化系統和促進食慾、消脹氣等都非常有用。用在戒菸時，把黑胡椒稀釋一下，擦在手腕嗅聞或薰香，也可以緩解一下菸癮哦！

黑胡椒的人格特性，是一個喜歡突破傳統格局的人。視野放得很寬，很有創意及活力。它的幽默及好玩是與生俱來的，很適合用在到處幫自己設限、生活枯燥乏味的人。也很適合一副懶洋洋、精神懈怠，老是沒有目標的人，可用來增強他的活力及信念。所以，貓非常討厭黑胡椒的氣味，因為牠真的蠻懶的，也應該沒什麼目標吧！

有時當你在想一些文案，抓破頭、想翻天，但還是無法創意泉湧時，薰黑胡椒＋佛手柑＋薄荷等，是個很棒的選擇。

具有黑胡椒人格的孩子，會有很強的好奇心和探索的能量，還加上冒險的勇氣。

他們會很想突破一下自己，想叛逆一下，做一下他覺得可以跨越的事。對於有創意的事他們會非常喜愛，但請放心！他做不了太壞的事。例如，染個頭髮、刺個青，都是無傷大雅的事。但這些事他如果想做就一定要讓他做哦！因為，他如果想做，就一定是被道德或傳統束縛太久了，想解放一下。

> **黑胡椒代表的心靈能量：點燃生活中的冒險因子，讓想像力及創造力到處奔馳吧！**

★Grace 老師解讀：

每天節奏都一樣的日子是不是讓你疲憊、倦怠、燃不起燦爛的火花？

其實你是想做點什麼的。拿起手中的黑胡椒吧！擦在腳底或薰香，把你心底的能量全部釋放，解放你全身的歡樂細胞吧！

★單一問題 Q&A 解析：

方法：心中想著某件事（說出來也可以），左手伸進摸香袋，請它指引一個方向。抓出的精油是黑胡椒。

例如：

Q 有個新的合作，想知道該不該接下？

A 這個工作的方向需要有創意，如果你是個傳統的人，試著顛覆一下，或許會激盪出不同的火花。

Q 想知道下半年的規劃方向？

A 下半年會進入需要冒險及全力以赴的時期。不要太侷限自己的思考模式，放開點，可能會有不同的收穫哦！

★摸香位置解析（方法參考 P17）：

摸出四支精油，黑胡椒出現在四個不同位置時，依次的解釋為：

解法

外在	內心	潛意識	解決方法
1	2	3	4
別人看到的你：你是個有趣的人。有活力，鬼點子也多，是個很討喜的一個人。	**內心的真正想法**：或許處在一個制式的環境中，但腦中的創意及想冒險的心卻蠢蠢欲動。	**潛意識想說的話**：很渴望自己再多一點突破，激發出無中生有的創造力，泉湧而出，來面對挑戰。	允許自己多一點天馬行空及顛覆傳統的思考和嘗試。

案例

28 歲，女生，創業中。

摸香順序

外在	內心	潛意識	解決方法
1	2	3	4
羅勒	**黑胡椒**	**岩蘭草**	**廣藿香**
➡企圖心	➡冒險、創意	➡安全感	➡信任

★案例解讀：

這是一位很有想法、有點強勢，但有滿滿的企圖心及創意的女生。有自己的夢想必須要完成。也可能自己現在正處於比較傳統的環境，她的創新變成了別人眼中的標新立異，沒有很多人認可，因此她有點沒安全感，做起事來內心是怕怕的。別害怕，你的直覺都是正確的，做了就對了！

★香氣解套法：

配方一：黑胡椒＋檸檬薄荷＋乳香（薰香）。

心靈療效　不要放棄自己的夢想，這樣的創意就如同老天爺送你的禮物，帶著這樣的禮物，加上檸檬薄荷給的驅動力，勇敢前進吧！

配方二：廣藿香＋黑胡椒＋山雞椒＋桔葉（薰香）。

心靈療效　有時候當自己不相信自己，比別人不看好你更令人沮喪。

拋下別人的閒言閒語及內心的惶恐與擔心，帶著對自己的信任及無可限量的創意，往夢想前進吧！因為你就是一個很有能力的人。

★從香氣喜好分辨出不同特質：

喜歡黑胡椒香氣的人：喜歡冒險。容易找到有趣的生活方式。

不喜歡黑胡椒香氣的人：覺得創造是種挑戰。喜歡固定的模式。

胃輪與對應的精油

胃輪

梵文 Manipura
表達意義：「珠寶之殿」。
掌管：勇氣、權力、財富、自尊以及團體中的自我價值。
脈輪位置：肚臍上三指。
對應身體的部位：肝膽及消化系統、腎上腺素。

胃輪，主要掌管你在團體中的感覺。當胃輪**開啟的很好**時，你會感覺所有事情都在掌控之中，而且有足夠的自信心。你的能力會發揮得當，思考也會很理性，穩穩地將所想表達出來，是個很棒的行動派領導者。

但如果此脈輪**過度活躍**，你可能會有強烈的控制慾和侵略性，很自以為是。還容易動手動腳、暴躁易怒、沒耐心、說話很快，長期下來容易會有胃潰瘍、胃食道逆流、肝火旺，皮膚也容易出現問題。

當胃輪**關閉或轉不動**時，容易呈現被動和難以下決定（這也和不夠自信有關）。你可能唯唯諾諾地找不到方向，不願意承擔責任及後果，光說不練，無法完全表達你想要的，也無法獲得他人的信任。因為，身體功能會影響脾胃的消化不良、循環差，膽胰臟會出現問題，腎臟也會比較弱。

處理胃輪過度活躍時，我會建議多用一些花類的精油。例如，薰衣草＋玫瑰天竺葵＋橙花＋玉蘭花＋蓮花系列，以薰香或擦在胸前，讓愛的能量打開，讓需要的人可以對他人多一點寬容、關懷及同理心。另外，再加上適當的運動（發洩很重要）；反之，當胃輪遲滯時，我會使用多一點勇氣及前進的精油去強化脆弱的內在。

使用方式：挑 2 ～ 3 種薰香或單一種精油擦在肚子上。

可使用精油，包括：杜松漿果、甜橙、檸檬、雪松、廣藿香、花梨木、茉莉、馬鬱蘭、乳香、檸檬薄荷。

胃輪是一個前進與驅動力很重要的一個脈輪，也是行動脈輪中最重要的。

如果你發現自己或孩子，或身旁的朋友，有上述過與不足的情況時，先別急著責怪他們，因為有些行為他們自己也不一定自知的。如果你在乎他們，試試用精油來協助他們或耐心的溝通吧！有空只要多薰香，慢慢的，很多不理想的狀況就會有改變的。

接下來，就來介紹摸香時胃輪對應的精油，可使用精油進行療癒，包括**檸檬**、**萊姆**、**檸檬香茅**、**杜松漿果**等。

當胃輪關閉或轉不動時，
在行動上容易被動和難以下決定，找不到方向。

09 檸檬 Lemon

我很愛檸檬清新淡然的味道，配什麼樣的精油薰香都好棒。

檸檬對身體的療效在於養肝清血，可幫助身體循環代謝，協助改善關節或尿酸堆積引起的發炎症狀，更能化解掉卡住喉嚨口那口惱人的痰（百試百靈），解除掉身體裡的浮躁感，用來泡腳一解身體的浮腫及疲乏感，也是一絕。

另外，像對付肝火過旺而引起的口氣重或牙齦腫，都可試試把檸檬精油滴在食指上按摩一下牙齦，不只降火還可消腫哦！

我很喜歡用檸檬來薰香，除了淨化空氣、保養呼吸道外，對於淨化家裡不潔的磁場也很管用。

若你時常做惡夢也可以試試用檸檬＋杜松漿果來淨化家裡的空間。甚至，當你處於像惡夢般脫離不了的生活圈或朋友圈時，檸檬也可以幫助心靈上的跳脫及緩解內心的無力感。

孩子都很喜歡檸檬的味道，因為它除了清新外，檸檬還有魅力四射的寓意，可以強化自信心、化解恐懼、給與勇氣。我家孩子每天上校車前一定要滴一滴檸檬搓在手上嗅聞後才肯出門，這也像個另類的保護傘，守護著他。

還有老人家的失智症（或中年人的健忘），試試利腦法寶——檸檬＋迷迭香＋紫蘇，刮刮頭，效果也很不賴哦！

要說檸檬的好處，說都說不完呢！如果你手上正好有這瓶精油，就拿起來試試看吧！

檸檬代表的心靈能量：給予能量及專注力，協助你擺脫負能量。

★Grace 老師解讀：

單純又清爽的檸檬是給予正能量很好的滋補品，不管是因為什麼樣的壓力或接收到不好的負能量，先聞聞檸檬的香氣吧！

★單一問題 Q&A 解析：

方法：心中想著某件事（說出來也可以），左手伸進摸香袋，請它指引一個方向。抓出的精油是檸檬。

例如：

Q 有個新工作需要去面試，我需要什麼樣的精油？

A 檸檬精油。它想協助你專注的、有魅力的綻放你的光芒。不用擔心哦！

Q 最近心情浮躁，老是會從夢中驚醒。

A 你最近是否過度勞累？要注意肝臟的休息，讓檸檬協助你平撫焦慮、滅肝火。

★摸香位置解析（方法參考 P17）：

摸出四支精油，檸檬出現在四個不同位置時，依次的解釋為：

解法

外在	內心	潛意識	解決方法
1			
別人看到的你：外表陽光，積極、善良，有魅力。	**內心的真正想法**：想在朋友圈裡展現一下自己，讓大家發現他的魅力。	**潛意識想說的話**：內心不是很陽光，很想擺脫某某人或某某事，那位某某就在朋友圈中。	允許自己發光，也要多關注身邊的人。結果會是好的。

案例

8 歲的孩子，男生，小學生。

摸香順序

外在	內心	潛意識	解決方法

甜橙	**岩蘭草**	**檸檬**	**花梨木**
➡開心	➡安全感	➡朋友圈的問題	➡協助

★案例解讀：

看起來是個很開朗的孩子，也好相處，但他最近心裡有種不安全感，應該是和學校同學的相處有關。

這個案例很特別，因為媽媽說孩子上下課都很正常，當時我就懷疑莫非我的精油摸香失靈了？為了確認，我再讓孩子測一次，結果出現杜松漿果＋檸檬＋薰衣草，我心中「咯登」了一下。再慢慢細問之後才知道，他在校車上被霸凌了一整個學期。當這個結果出來後，媽媽不可置信地看著我。

大家一定很想知道為何孩子會忍著不說。因為，他怕說了家長沒辦法解決的話他會更慘。我有點難過，原來孩子可以隱忍到這個地步。

後來家長順利到校處理了，我也調了讓孩子加強自信心的精油配方。現在孩子已十歲了，成長得非常好。孩子年記太小，大人的協助很重要，不要責怪，請先解決問題。

★香氣解套法：

配方一：雪松＋檸檬＋茉莉＋岩蘭草（薰香，或加一點植物油擦在手腕上嗅聞）。

心靈療效　你就是一棵很有能力的大樹，或許大家都還沒發現你的魅力及有趣，沒關係！我請花中之王——茉莉，送給你一些勇氣；岩蘭草給你足夠的安全感。請慢慢來，有一天你會看到很棒的自己的。

配方二：羅馬洋甘菊＋檸檬＋葡萄柚＋花梨木（薰香或當香水擦）。

心靈療效　當事情已經發生了，我們就學著面對及改變，讓擅長做深度療癒的羅馬洋甘菊，來化解孩子內心的無助及焦慮；檸檬及葡萄柚，消滅孩子的負面情緒以及突破現狀，去協調同學間的相處關係。最後，強而有力的花梨木大叔，會一直給予孩子依靠及安全感，讓孩子平安的成長。

★從香氣喜好分辨出不同特質：

喜歡檸檬香氣的人：覺得被關注是件開心又驕傲的事。

不喜歡檸檬香氣的人：躲避人群、不愛出峰頭。

透過精油摸香，發現了孩子在校車上被霸凌。

⑩ 萊姆 Lime

萊姆和檸檬長得很像。萊姆的個頭較小，小小一點而且無籽。檸檬對於化痰、肝臟排毒有一定的療效；萊姆只針對咳嗽及腸胃有效果。檸檬主導老人家的神經系統，有激勵的作用，對於失智症也能提供一定的協助；萊姆比較偏重安撫及平穩孩子的神經系統。

我們都知道，孩子對於大人的管教或干涉，有時候是默默承受的，但這樣的孩子通常脾胃消化都不太好。當你找不出原因時，試試萊姆吧！你可以順時鐘按摩孩子的肚子，順便和孩子聊一下。其實我們也是愛子心切，也要鼓勵他們發言或反駁哦！不然日後長大後，就會傷到「溝通」的脈輪，這就得不償失了。

萊姆代表的心靈能量：化解對生活及對婚姻中的有苦難言。

★Grace 老師解讀：

本來，萊姆是不在我的名單內的，但有趣的是，每次協調個案，如果是夫妻，摸香時很巧的一定都會摸到一支有關於夫妻相處的精油，通常是老公會抓到萊姆（象徵：夫妻相處中的有苦難言）。這種抓住人心的功力，讓我對這支精油充滿了無比的想像空間，所以就把它放進來了。

萊姆的香氣，其實是可以讓人啟發好奇心及幽默感的。人與人相處久了會少了熱度及新鮮感，生活中就缺少了動力。這時，請把萊姆薰起來吧！搭配珍貴的花類（象徵：優雅又神祕）、柑橘類（象徵：開心）及大樹類（象徵：支撐），都是我喜歡用的配方。

★單一問題 Q&A 解析：

方法：心中想著某件事（說出來也可以），左手伸進摸香袋，請它指引一個方向。抓出的精油是萊姆。

Q 最近工作上很煩躁。

A 你有些苦說不得，腸胃功能不太好。

Q 媽媽問：少年在家中不愛說話。

A 家裡或學校有些事讓他有苦難言，所以他表面看起來沒什麼，但悶在心裡說不出口。

★摸香位置解析（方法參考 P17）：

摸出四支精油，萊姆出現在四個不同位置時，依次的解釋為：

解法

外在

別人看到的你：是個很努力的人，生活上有些苦、悶，很想和旁人述說。

內心

2

內心的真正想法：現實中有些小挫折需要去面對，卻不想讓旁人看出來。

潛意識

潛意識想說的話：這樣的苦中作樂、有苦難言的日子過得有點久了，需要求救。

解決方法

需要反抗一下了，別老是被擠壓。

案例

48 歲，女性，家庭主婦。

摸香順序

外在	內心	潛意識	解決方法
1	2	3	4
尤加利	萊姆	天竺葵	薰衣草
➡心直口快	➡有苦難言	➡渴望被愛	➡溫和的傾聽

★案例解讀：

這是一位說話做事都快、狠、準的婦人。也或許是她說話太直接，讓夫妻的相處、溝通上有點小摩擦，但她又不能對外表現得太明顯，讓個性直爽的她覺得很悶。她很想做個改變，因為她很渴望有愛的生活，不想再這麼寂寞了。其實，我們的另一半永遠都需要被認可，溫柔對待他，就會獲得想要的「愛」哦！

★香氣解套法：

配方一：天竺葵＋香桃木＋快樂鼠尾草＋粉葡萄柚（薰香）。

心靈療效　這款香氣擅長調整在感情上說不清楚

自己到底要什麼的窘境。

先讓香桃木帶領著你如何與自己深度對話，把所有委屈都先和自己訴說及達成和解。接著，快樂鼠尾草要來平衡夫妻間高度的期待值。俗話說：「有期待就一定有傷害。」其實回頭看看，都是一些芝麻綠豆大的小事，再下來，愛撒嬌的天竺葵出現了。俗話又說「柔能克剛」哦！我明白，這種情況下要撒嬌是有點難度，但想改變就得有付出。最後，愛手牽手的葡萄柚又出現啦！願你們重現愛的泡泡哦！

配方二：丁香＋萊姆＋伊蘭伊蘭（薰香）。

心靈療效　夫妻間有許多問題都出在相處時誰也不甘心先屈服。就讓伊蘭伊蘭喚起屬於你的專屬魅力。萊姆會引導你想想對方的好，試試先放軟身段。最後，丁香願意全力以赴地化解你對這件事的無能為力。換個角度想，事情真的沒有那麼難。只要你散發魅力、後退一步，被愛、被呵護，都會手到擒來。只要你願意！

★從香氣喜好分辨出不同特質：

喜歡萊姆香氣的人：有意識地給自己與他人空

間，不過度干涉，這是一種舒服的狀態。

不喜歡萊姆香氣的人：正處於一種有苦說不出的無奈，有點沮喪及焦慮。

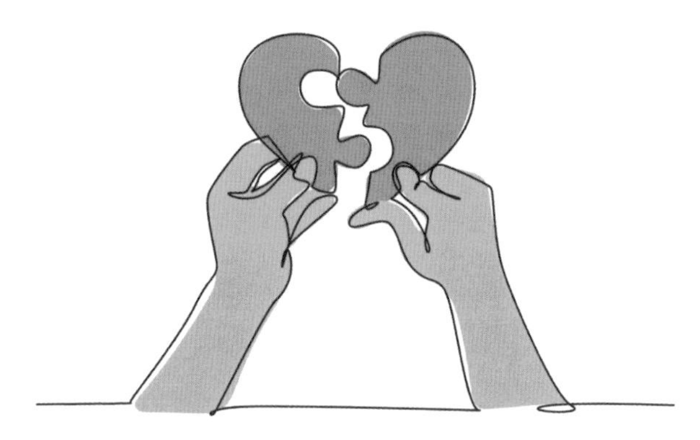

我們的另一半永遠都需要被認可。

⑪ 檸檬香茅 Lemongrass

我常常被問到：檸檬香茅和檸檬是一樣的嗎？其實，檸檬香茅也叫檸檬草，我們常常會在泰國料理裡的冬蔭湯裡看到它。香料能量對於人的身體有種驅動力，不管是執行時的無法堅持，或面對壓力想逃避時，它都會讓人勇往直前、對自己負責任的完成它，並給予轉變的力量。

對於身體過於僵硬、不善於表達情感或包袱太重的人，在配方中加入檸檬草，當作全身的按摩油，會帶給你輕盈、如釋重負的感覺，也能給生活多點新鮮感，讓人充滿希望與熱情。

在身體療效上，腿部的問題交給它就沒錯了。不管是肌腱發炎、腫脹或是乳酸堆積，各種下半身的循環問題等，檸檬草都是箇中好手。

不只對應腿部，香料對於腸胃也有解哦！例如，乳糖不耐症、胃食道逆流，以及消化道等的問題。當然，香料類幫助身體循環也是箇中好手哦！

人們熱情又靈活的泰國，很多食物都會有檸檬草出現。我也發現，孩子們都很愛檸檬草的氣味。有一次，我教某國際學校科學班 11 歲的孩子做手打乳液，當我問到裡面要放什麼香氣時（香氣是有人格特質的），居然有一半以上的孩子都要放檸檬草。重點是：他們做好的乳液是想送媽媽的。身為媽媽的我當下內心五味雜陳，我想這就是為何孩子們喜歡熱情的探索與創造夢想，加上能勇敢面對未來的大能量吧！

無奈的大人們，當你們被環境蹂躪的差不多而提不起勁，想創意、找熱情，一整個太疲憊時，就把檸檬草加植物油擦擦肚子及腳底吧！或滴在手腕上深深的聞上兩大口，或是找有檸檬草的食物大快朵頤一番。不管用什麼方式，只要記住：保持夢想、熱情、動力、創意，對生活在地球的我們真的很重要。不管我們是什麼年紀。

檸檬香茅代表的心靈能量：快速轉動的思緒及前進的動力。

★Grace 老師解讀：

喜愛新鮮事物的你、需要好多點子及馬不停蹄的動力來搭配，為了不要有遺憾，請勇敢的前進吧！

★單一問題 Q&A 解析：

方法：心中想著某件事（說出來也可以），左手伸進摸香袋，請它指引一個方向。抓出的精油是檸檬香茅。

例如：

Q 詢問新的工作發展。

A 這是一個需要很多點子及創意的工作，你沒有時間感到無聊，因為腦袋會很忙。

Q 想問現在的工作已待很久了，我想離開可以嗎？

A 現在的工作讓你覺得待久了也疲乏了，但讓人捨不得的是，這是一個穩定的收入。我會建議你先留職停薪，出去好好地玩一趟，或許回來後你會有不同的想法。

★摸香位置解析（方法參考 P17）：

摸出四支精油，檸檬香茅出現在四個不同位置時，依次的解釋為：

解法

外在	內心	潛意識	解決方法

別人看到的你：是個愛新鮮感的人，有很多想法，點子一來就很想去執行，對於未來的看法也很樂觀。	**內心的真正想法**：無法容忍生活上的無趣、無聊，想找點事來做做。	**潛意識想說的話**：一路奔波下來覺得累了，心裡渴望會有個長遠穩定的生活或情感。	把重點理出來，太繁瑣的事先放下。

案例

26 歲女性，兒童教育者。

摸香順序

外在	內心	潛意識	解決方法

黑胡椒	**檸檬香茅**	**豆蔻**	**歐洲冷杉**
➡有趣的	➡活力十足	➡消除迷惑	➡設定長遠目標

★案例解讀：

這位老師是個活潑、很熱請、點子很多、不喜歡無趣又無聊日子的人。她的朋友很多，人際關係也很棒。因為熱衷教育，她很想讓自己可以做好領導者的角色。只不過有些事不是一下子就能成功的，所以她有點迷惘未來的方向。太多事想做肯會迷茫，設定一個長遠目標，冷靜沉穩的完成。

★香氣解套法：

配方一：乳香＋艾草＋佛手柑＋歐白芷根（薰香或把香氣戴在身上）。

心靈療效　你的熱情、活潑、無限的創意，都是上天賦予你最好的禮物，而且夢想目標也很清楚。或許你現在最需要的是停一停、冷靜一下，看清楚方向後，再補足你缺乏的能量。

就讓智者乳香、夢想艾草、協助你冷靜思考的佛手柑與能讓你有如大力水手般強大能量的歐白芷根，帶著你往前一步步地走出屬於你期待的未來。

配方二：茉莉＋花梨木＋檸檬（當香水時要先稀釋或薰香，非常好聞）。

心靈療效　當我們執著在一個目標時，會容易有看不清楚的盲點，反而因此為難了自己。花中之王茉莉完全明白你的心，它想牽著你的手，讓你放下執著，不要讓自己與自己交戰，溫柔的與自己相處，會更明白你自己要什麼。花梨木先生也在旁邊候著，想給你十足的底氣及依靠，讓你完美地散發出無法取代的魅力。不管何時何地。

★從香氣喜好分辨出不同特質：

喜歡檸檬香茅香氣的人：擁有豐富的生活方式及有創意的思考。

不喜歡檸檬香茅香氣的人：有點懶、雜事太多會煩躁，覺得簡單的生活是最美好的狀態。

迷惘未來的方向時可以先停一停、冷靜一下。

⑫ 杜松漿果 Juniper Berry

杜松漿果，是我很喜歡的漂亮紫色果實，但氣味有種說不上來的一種粗厚大樹樹心的氣味。說不上喜歡，我覺得它就像一個老巫師，可以掃除身旁所有的壞能量。在古歐洲時期，祭師要進行某種儀式時都會焚燒杜松來做為結界；早期歐洲醫院也會燃燒杜松以潔淨空氣，所以它有「驅逐疾病」的意義。

以淨化作用聞名的杜松，自古即被用來淨化身心靈，這也是我很常用的一支精油。有些人的體質敏銳了點，只要覺得磁場不太對，杜松＋岩蘭或杜松＋檸檬，都是可以常常用來薰香、安神用。也常常有個案，因為恐懼某些事而裹足不前，或孩子半夜常驚醒，我就會用杜松擦在肚子上及腳底，嚴重的還可以用杜松加在沐浴乳裡洗澡，效果都很明顯。因為它有助於掃除空間的不潔，或想像出來的恐懼及陰影的功能，我稱它為「另類收驚法」。

植物的能力很奇妙，它能掃除的不只是看不見的不潔磁場，也能夠協助清除人與人之間的不好能量。如果有些工具是有能量的，例如，刮痧板或專用佛珠，如果被他人使用了之後，都可以讓杜松漿果精油幫忙淨化一下，只要將精油擦上器具就行了。

另一種能量是藏在心裡，因為被他人欺負後引發的恐懼及委屈。這也可以請杜松漿果來幫忙。看來似乎很玄，但這都是有案例的哦！

在生理方面，杜松能利尿、處理風濕疼痛，對於膀胱炎也很有效果。運動後的肌肉痠痛；冬天容易僵硬、痙攣的肌肉疼痛，這些症狀和困擾都可善用杜松漿果精油和幾種放鬆精油調合後使用。

放鬆的精油，包括乳香、古巴香酯、絲柏、馬鬱蘭、薰衣草、葡萄柚、檸檬草、丁香、生薑、羅馬洋甘菊、檸檬等。各取 3 ～ 4 種精油加植物油搭配使用，輕輕按摩，再加上熱敷，效果更佳。

杜松漿果代表的心靈能量：協助掃除不潔或被迫害的感覺。

★單一問題 Q&A 解析：

方法：心中想著某件事（說出來也可以），左手伸進摸香袋，請它指引一個方向。抓出的精油是杜松漿果。

例如：

Q 一直做同一個夢，起床後心情覺得很糟。

A 最近是不是有件事讓你覺得很委屈也很恐懼，但又不知道該怎麼消化它？

Q 要面臨一個考試讓我很煩躁，睡也睡不好。

A 這個考試對你來說很重要，你很恐慌也很擔憂。回去擦一下杜松漿果吧，它會帶給你勇氣去面對這件事。

★摸香位置解析（方法參考 P17）：

摸出四支精油，杜松漿果出現在四個不同位置時，依次的解釋為：

解法

外在 1	內心 2	潛意識 3	解決方法 4
別人看到的你：感覺自己是個受害者，被打壓、不得志，或無法發揮，感覺很委曲。	**內心的真正想法**：這樣的恐懼是說不出來的（在疾病或人際關係上），不知道該怎麼辦。	**潛意識想說的話**：深度渴望掙脫心裡的恐懼，擺脫這樣的不愉快。	把恐懼拉出來，或許你缺少的就是行動力。

案例

16 歲，高中女生。

摸香順序

外在 1	內心 2	潛意識 3	解決方法 4
杜松漿果	冷衫	薰衣草	葡萄柚
➡很委屈	➡高冷但有理想	➡需要愛、需要被呵護	➡融入團體

★案例解讀：

最近有一些事（學校或家庭）讓她覺得被打壓、欺負，心裡覺得很委屈。

她平時自視甚高，外表看起來冷冷的，也不是很愛說話的人，所以就算她委屈了也不吭聲，只是心裡覺得很寂寞，很想有人能關心她、跟她站在一起。

我們看到小女生抓出杜松漿果時是驚訝又擔心的，怕她被怎麼了。細問後才知道，原來她是班上的風紀股長，執行的很嚴格，老師很信任她，因此她就變成同學口中的抓耙子（告狀鬼），所以她覺得很受傷、很委屈。學著融入人群，當妳不再是一個人，什麼事都不會委屈，也不需要擔憂。

★香氣解套法：

配方一：杜松漿果＋羅馬洋甘菊＋葡萄柚＋岩蘭草（薰香或稀釋後擦肚子、腳底）。

心靈療效　孩子，人的一生都會有很多的坑洞及窘境，恭喜你即將跨越這個讓你不愉快的坑。Grace阿姨可以讓你變得很勇敢、什麼都不用怕。現在杜松漿果爸爸拉上羅馬洋甘菊媽媽，幫你把不管埋在內心多深都必須要解決的恐懼，一口氣就化解它、讓它滾蛋。我也明白，你想和同學好好相處，或有人陪伴你面對妖魔鬼怪的心情。所以，葡萄柚歐巴，也快速地加入要守護你的陣容。最後岩蘭草爺爺，會讓你安心的、踏實的，面對往後的每一天。甘巴爹哦（加油）！

配方二：橙花＋桔葉＋花梨木＋甜橙（薰香或把香氣擦在身上帶出去）。

心靈療效　如果可以當個柔柔弱弱的小公主被呵護，我想你也不想張牙舞爪地去做個被他人嫌棄的人。只因為你覺得這就是個責任，必須得完成。孩子，你很棒！但我想讓你的心情更愉快些，畢竟青春的記憶不該有這些瑣碎的事存在，青春就該開心。

配方中的桔葉可以化解你心中的恐懼及驚嚇，讓柔軟的花梨木當你強大的靠山，橙花公主也伸出細緻的手握著你，帶著你安心入眠。在夢中翩翩起舞、童話般的待遇，讓你也享受公主般的萬般寵愛及疼愛。當你一覺醒來，你就是個無敵小太陽，開心的享受屬於你的每一天。這就是屬於你的青春。我們都愛你！

此配方也送給我的小公主—— Tiffany。

★從香氣喜好分辨出不同特質：

喜歡杜松漿果香氣的人：越驚悚越喜歡。正向能量滿滿。

不喜歡杜松漿果香氣的人：較多負面思考。容易被影響。

心輪與對應的精油

心輪

梵文 Anahata

表達意義：「解開心中的束縛」。

掌管：無私的愛、愛的付出與接受、寬恕。

脈輪位置：心肺之間

對應身體的部位：胸口位置，心肺功能、心因性過敏、乳房疾病。

結束了掌管生存、行動的三大脈輪後，我們即將進入上脈輪（思考）及下脈輪（行動）的分水嶺。

心輪主要掌管愛、善良、關懷、寬恕、希望等情感。當我在處理個案上下方脈輪失衡的問題時，我都會把心輪精油加上，只因為——**萬般皆要有心**。

當心中的那道門打開了，不管是義無反顧的行動或深思熟慮的思考，才能暢行無阻，而且具有同情心、也友善。同理心強和對人寬恕，並容易原諒，喜歡和諧的人際關係，世界和平是個期待中的願景。

心輪也掌控著道德感，當心中的私慾超越了道德感時，再多的地位與財富都不會真正讓人踏實、開心。

另一種**過度開啟的現象**是過多而強制的愛。例如，有些家長常掛在嘴邊的是為了孩子好，但數度深究後，或許是一些為了自己自私的理由，然後把這樣的理由轉換成愛，加諸在孩子身上。這樣霸道的愛讓孩子不能反駁，只能默默承受，最後壓力變成了封閉。多數個案很年輕就胸部出現問題，或一緊張就心悸、喘不過氣來，這些都是長期的壓力造成的。

除了心輪正常運轉及過度開啟外，我手上有太多太多**心輪卡住或封閉的**案例。他們通常個性冷漠，不擅長與人相處，冷眼看待一切，也比較自私。諮詢過後，這些案例大多數是和情感事件有關。或許是小時候發生不愉快，也或許是成長中感情的挫折，更多是婚後的隱忍。輕則是找不出原因的胸悶、不開心；重則已經變成疾病像癌症一樣往上（一直咳嗽、失眠、憂鬱）或往下竄（內分泌系統混亂）。這樣的發展著實令我驚訝也心疼，情緒真的會影響疾病。這是真的！

當人們過度受傷、不相信愛時，信任也會不復存在，這樣冰冷的世界不會是我們喜歡的。就讓我們看看有什麼精油可以療癒受傷的心靈吧！

可使用精油進行療癒，包括**永久花**、**佛手柑**、**伊蘭伊蘭**、**苦橙葉**、**羅馬洋甘菊**、**安息香**等。

當心中的那道門打開了，世界也就和諧了。

⑬ 永久花 Helichrysum Italicum

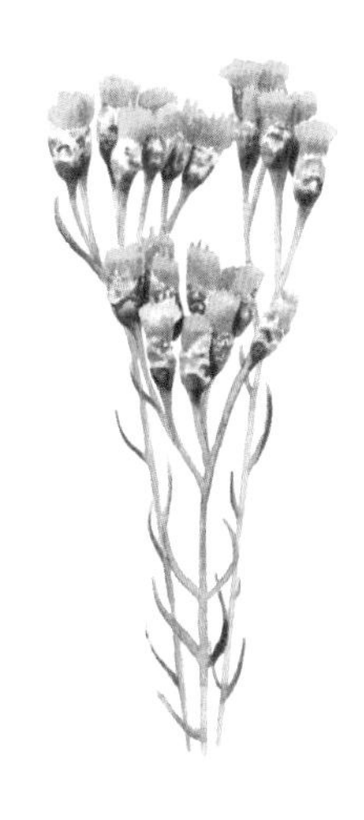

使用過精油的人應該知道，永久花的價值不斐。它出現在十七世紀的中晚期，在精油界算是新生。起初只是一大片黃澄澄的、無人理會的野花野草，當地居民把它拔回家插著才知道它不易凋謝。因此，它有「不凋花」之稱，也叫「蠟菊」。但因為它的氣味不適合做香水，所以乏人問津。後來有個法國的植物學家發現，永久花裡有個很特別的雙酮及醇類，後來才把它納入精油的使用上。然而，永久花的萃油率實在太低，所以精油價格會偏高。

最優質的永久花產自義大利的科西嘉島，那也是拿破崙的故鄉。想像著一大片黃澄澄的花朵在風中搖曳著的景象，就足以打開人心的煩悶。菊科的植物擅長療癒無法宣洩的情緒及關上的心門，因此，永久花也有「心靈通樂」之稱。因為它的植物化學成份裡有擅長細胞再生的雙酮及能安撫人心的酯類，它也非常能夠化解掉外表及心裡看不見的淤、腫傷，對於肝膽功能的協助、靜脈曲張的問題，以及皮膚上的去疤痕、美白等，也是一絕。

在我的個案裡，當奶奶或外婆的都很容易抓到這支精油，或許是因為以前的女人擅長吞下無奈、忍下所有不公平的待遇，累積從年輕時就開始的淚水、怨懟，及心裡都不想去面對的心結，萬般地折騰自己。所以，連永久花都看不下去了，一定要跳出來安撫一下這樣被摧殘的心靈。當她們摸到這支精油時，我會用乳香＋永久花＋安息香擦一下她們的胸口，並抱抱她們說：「一切都過去了，請打開那道心門。讓永久花來協助你吧！」後來，老太太們就會淚眼婆娑的看著我。一切盡在不言中！

安撫與寬容就是永久花想表達的，這就是我愛精油的地方。遇事什麼都不用說就擦上精油，聞到味道後，一切都釋懷了。

永久花代表的心靈能量：時間無法療癒傷口，只是覆蓋了。打開吧！面對並療癒它。

★Grace 老師解讀：

我們都以為事情過了就算了，其實，那只是把心門關上了、看不見，但不表示不在乎。

當時間久了，累積不愉快的能量會越來越強。如果到了內心已無法承受時就打開吧！讓永久花來療癒你的傷口！

★單一問題 Q&A 解析：

方法：心中想著某件事（說出來也可以），左手伸進摸香袋，請它指引一個方向。抓出的精油是永久花。

例如：

Q 經歷過很多段感情，覺得怎麼都不順遂。

A 在你心中有件關於感情的事讓你受傷了，所以只要一戀愛你就會發出不會幸福的訊號，自然而然的，你的感情都不會太順遂。

Q 為何女兒老是和我鬧脾氣、很會和我抬槓？

A 在女兒的心中有一件和你有關的事，她覺得很委屈，但也不想講，就是憋著。

★摸香位置解析（方法參考 P17）：

摸出四支精油，永久花出現在四個不同位置時，依次的解釋為：

外在	內心	潛意識	解決方法
	2		
別人看到的你：看來有點悶悶的，心裡應該有事但不想和別人談。	**內心的真正想法**：或許表面看起來沒什麼事，但心中的事對他來說卻是一個結。	**潛意識想說的話**：記憶深處有道心結無法打開，也不能說出來。	不開心的事需要一段時間消化，找些有趣的人陪你渡過這段時間。

案例

58 歲，女性，義工。

摸香順序

外在	內心	潛意識	解決方法

側柏	**薰衣草**	**永久花**	**佛手柑**
➡任勞任怨	➡很有愛	➡關上心門	➡放過自己

★案例解讀：

這是一位很有愛心的奶奶，很會照顧人，也很任勞任怨的付出，從不喊苦，就怕為別人做得不夠多，是個可以依靠的好人。表面上很溫婉的她，其實心裡帶著淡淡的憂愁。因為，有件事放在她心裡很久很久了，不能說也不想說。但不管經歷過什麼，故事都已不能改寫了，只有放掉過去才能讓自己真正開心。

★香氣解套法：

配方一：永久花＋廣藿香＋快樂鼠尾草＋安息香（薰香）。

心靈療效　對於一些陳舊但不甘心的事，不是說想放下就放得下的，就讓永久花來開啟你心中封閉的那道門；讓廣藿香協助你包容及原諒，並把內心的心結娓娓道來；讓快樂鼠尾草平衡一下你心中隱藏已久的高度期待；讓安息香帶著你找到一條屬於你自己的路，緩緩前進。

配方二：乳香＋白茶花＋檸檬＋岩蘭草（薰香或塗抹）。

心靈療效　因為你的善良及任勞任怨，讓在你身邊的親人就像收到老天爺給的禮物一樣，因此，我也想配個屬於你的香氣陪伴你。

拿起和你很像的優雅又淡然的白茶花，加上魅力無限的檸檬，再加點讓你有安全感的岩蘭草，以及化解所有困境的乳香。賓果！這魔法般的香氣就叫作「有你真好！感謝有你！」。

★從香氣喜好分辨出不同特質：

喜歡永久花香氣的人：沒有過不去的事，專注往前走，不回頭緬懷的人。

不喜歡永久花香氣的人：被舊有的悲傷事件困住，容易胸悶。

時間無法療癒傷口，只是覆蓋了，請面對並療癒它吧。

⑭ 佛手柑 Bergamot

在中國也叫枸櫞（櫞注音：ㄐㄩ ˇ ㄩㄢ ˊ）。

是檸檬、柚子、橙等混和的嫁接變種。因為氣味有著混和卻又乾淨的柑橘味，因此也叫「千面柑橘」或「香水檸檬」。精油取自於皮的香氣，果肉不能食用，是歐洲香水界常用的香氣。

起源於 1793 年，義大利西北方有個叫 Bergamot 的小鎮。常常聽說佛手柑它就像陽光般的美男子，原來這美男子還真有其人，就來自小鎮上柑橘的莊園中。聽當地老農場主人說，他樸實的笑容帶著滿滿的能量，著實讓人忍不住多看了兩眼。就因為聽到這樣的美妙傳說，我也愛上了帶著充滿和諧氣味的佛手柑。它的氣味不只有種柑橘的甜味，更多了療癒人心的淡淡花香味，擅長化解緊張的焦慮、提不起勁的沮喪感（想想，如果有個朝氣蓬勃的大帥哥每天對著你笑，那誰還憂鬱得起來呢？）。連因為情緒不佳所引發的厭食症，佛手柑都能幫上忙。

佛手柑精油量多時能提振士氣、補充能量、調解受打擊的情緒；但當量少時，則可以安撫人心，化解焦慮引起的失眠。

曾經有一個個案：快臨盆的孕婦，因為老公出差不在身邊，身體的不適加上心情上的焦慮讓她睡不著，我就請她用佛手柑加橙花薰香，因此緩解了她失眠的症狀。

佛手柑也是非常標準的辦公室用精油，除了讓工作的人心情愉悅外，還能理性地處理實際性的問題。例如，激發想像力，正面的思考、決策、冷靜的判斷。因此，它也是辦公室的招財用油哦！

另外，如果在莫名恐懼中，物質上或是伴侶間的愛恨糾葛，想不清的、理不清的，就全交給佛手柑吧！

需要注意的是：雖然它對油性皮膚很有幫助，但是它的光敏性是所有柑橘類最長的，可達 72 小時之久。所以，盡量不要使用在露在衣服外的皮膚上。

佛手柑代表的心靈能量：找到莫名的憂愁，注入新的感受。

★Grace 老師解讀：

看起來優雅而富貴的人兒呀！當你的心裡有複雜又陰霾的情緒時，嗅聞一下這和諧又熟悉的氣味吧！它會帶著你找到新的能量，給你心的方向。

★單一問題 Q&A 解析：

方法：心中想著某件事（說出來也可以），左手伸進摸香袋，請它指引一個方向。抓出的精油是佛手柑。

例如：

Ⓠ 我下半年的運勢如何？

Ⓐ 是不是有某個事件困擾你？如果不解決，到明年你還是一樣無法真的開心。

Ⓠ 詢問身體狀況。

Ⓐ 你是不是知道身體有什麼狀況？佛手柑都感覺得出你的憂慮了。

★摸香位置解析（方法參考 P17）：

摸出四支精油，佛手柑出現在四個不同位置時，依次的解釋為：

解法

外在	內心	潛意識	解決方法

別人看到的你：是個優雅、貴氣而有教養的人，但總感覺有種說不出的不開心。	**內心的真正想法**：心裡有一些不想說的憂愁或擔憂的事。	**潛意識想說的話**：渴望這段不愉快快點過去，回到以前優雅美好的自己。	要求自己是很好的，但如果還是不開心，表示這方式不適合你。鬆一鬆，給自己喘口氣。

案例

26 歲，F 小姐，待嫁中。

摸香順序

外在	內心	潛意識	解決方法

佛手柑	天竺葵	羅文莎葉	伊蘭伊蘭
➡貴氣的人	➡情傷	➡說不出口的拒絕	➡享受愛情

★案例解讀：

看起來是個有教養、有氣質，也貴氣的人，但眉間卻藏著淡淡的憂愁。這樣的憂愁和一段放不下的感情有關，因為這段感情讓她受了傷，有點害怕。對於要進入另一段感情，讓她有點為難，內心有點抗拒。抗拒是怕受傷，也是太在意。請放下在乎，享受被愛，就會有更好的感受。

★香氣解套法：

配方一：岩玫瑰＋廣藿香＋天竺葵＋佛手柑（薰香）。

心靈療效　當那些想不清的混亂，讓你抽不開身去應付其他事情時，就讓擅長處理這種狀況的岩玫瑰，讓你徹底、完整的清醒過來。廣藿香會用力的告訴你，「你的決定是對的，請相信你自己」，再把你悶在心裡的苦交給能用心愛你的天竺葵，她想跟你說「該讓它走的請不要留」。最後，熱情又純樸般的陽光大男孩—佛手柑，會牽著你的手一步步走出你的傷痛及哀愁，祝你早日獲得幸福。

配方二：生薑＋茉莉＋佛手柑＋葡萄柚（薰香）。

心靈療效　Hi Girl！把自己困在一個窘境是不是

太久了？溫暖而有力量的生薑先生，正伸出手等著拉你走出這個割捨不下的環境。

茉莉、佛手柑、葡萄柚，這三種香氣手牽手，會帶給你強大的自信、恢復你陽光般的笑容，也解開你淡淡的憂愁，將你變成人見人愛的女孩，讓身邊喜歡你的人更容易親近你、陪著你。

★從香氣喜好分辨出不同特質：

喜歡佛手柑香氣的人：對發生的所有事都能一笑置之。有活力、幽默。

不喜歡佛手柑香氣的人：追求完美的人，容易跟自己過不去。

讓佛手柑牽著你的手，一步步走出莫名憂傷，
找到真正的快樂。

⑮ 伊蘭伊蘭 Ylang Ylang

生機盎然，兩情相悅。馬達加斯加島與伊蘭美麗的意外。

大約在 13、14 世紀初期，有一位德國的航海家在菲律賓發現了美麗的伊蘭，因為實在太喜歡了，所以就把種子裝滿整艘船想運回德國。不料，航行途中，經過馬達加斯加島時遇上船難。船翻了，整艘船的種子在島上撒了一片。就這樣，氣味豔麗又妖嬈的伊蘭伊蘭，就在這個熱帶的島嶼莫名地繁衍開來。也不知道是不是土壤、空氣、水質的關係，它在馬達加斯加活得比在出生地菲律賓來得好。感謝這個美麗的意外！

伊蘭伊蘭俗稱「香水樹」，在香水界有極高的評價。它的氣味濃郁豔麗，在我的感覺裡，她就像個穿著紅舞裙的西班牙女郎，熱情、大方又奔放，談起戀愛來會無比的熱烈及毫不掩飾。與溫婉的天竺葵相比，天竺葵就像個不經世事的少女一般，嬌羞的躲在一旁靦腆的微笑著、等待著——被發現。

伊蘭伊蘭其實有段很繁瑣的萃取過程，到我們手上，能深入到心靈領域的就稱為「完全伊蘭」。因為化學式苯基酯的關係，它的安撫及抗痙攣效果極為強大，因此可以用在舒緩癌末病人的痛苦。

除了放鬆外，對於荷爾蒙驟變引起的心悸、胸悶或婦科問題，伊蘭伊蘭都能給予幫助。也因為對於性冷感這方面，它的植物本能可以給予一定的能量，所以，又有「催情精油」之稱（至於擦在哪裡？想知道嗎？）。

請往下看……

伊蘭伊蘭代表的心靈能量：生氣盎然，不管在任何狀態下都是美好的。

★Grace 老師解讀：

熱情奔放的你，不管在什麼樣的狀態下，都要保持最美好、也最吸引人的模樣。

★單一問題 Q&A 解析：

方法：心中想著某件事（說出來也可以），左手伸進摸香袋，請它指引一個方向。抓出的精油是伊蘭伊蘭。

例如：

Q 現階段的感情狀況如何？

A 正處於熱戀或活力四射的狀況中。

Q 別人眼中的自己是什麼？

A 是個很有魅力的人，熱情又討人喜歡。

★摸香位置解析（方法參考 P17）：

摸出四支精油，伊蘭出現在四個不同位置時，依次的解釋為：

解法

外在

別人看到的你：外表看起來是個很有味道及撫媚動人的人，而且很有活力。

內心

內心的真正想法：心裡應該在戀愛的狀況下，或感覺像在戀愛般的喜悅、開心。

潛意識

潛意識想說的話：渴望能有談戀愛般的喜悅，或渴望可以被寵愛、關注（久久等不到會有點怨念）。

解決方法

盡情發揮吧！

案例

30 歲，男性，已婚。

摸香順序

外在	內心	潛意識	解決方法
		3	
廣藿香	**側柏**	**伊蘭伊蘭**	**天竺葵**
➡誠信度	➡任勞任怨	➡渴望被關注	➡打開幸福

★案例解讀：

這是一個可以依靠的男人，踏實、安全，而且還任勞任怨，什麼事都願意做。只要有他在，隨時隨地都會保護身旁的人。雖然他是個願意掏心掏肺的人，但他的內心還是渴望被在乎的人關注，或想要有點談戀愛時的熱情及幸福感。若你想要，就要讓在乎的人知道你需要她的愛。

★香氣解套法：

配方一：廣藿香＋香草＋伊蘭＋檀香木（薰香或塗抹）。

心靈療效　相處是兩個人的事，夫妻間相處久了，很多戀愛時的幻想、甜蜜，都會被日常的柴米油鹽醬醋茶，或日常的瑣事，一點一點地給壓垮。這個配方就像孩子般的歡樂及甜蜜，回到最初相遇的你們、我們、每個人……。

甜甜的香草會找回孩子般的我們，讓我們對彼此保持著好奇、有趣、浪漫的那一面。而廣藿香、伊蘭，會幫助喚醒身體的慾望。加上甜甜又愛探索的香草，及穩定也持久的檀香木，這樣男女生都愛的催情香氣，很適合在臥室使用。如果薰香不夠力，試試加上乳液幫對方按摩胯下兩側，或許會有不一樣的爆點出現哦！

配方二：生薑＋肉桂＋丁香＋甜橙（薰香）。

心靈療效　我很明白你覺得被冷落的心情，你願意把另一半當公主，但你也渴望可以像王子般被寵愛。對嗎？

這時候，溫暖的香氣最適合你了。看你一直努力給他人溫暖，我也想送這股香氣，讓你在努力前進之餘，別忘了給自己溫暖的擁抱！心隨念轉，當心裡的念頭一改變，或許你期待的事也就如魔法般的發生了！

★從香氣喜好分辨出不同特質：

喜歡伊蘭伊蘭香氣的人：隨時都讓自己呈現最有魅力的樣子。喜歡被注視。

不喜歡伊蘭伊蘭香氣的人：情感不容易釋放。喜歡獨自一人，較低調。

在努力前進之餘，別忘了給自己溫暖的擁抱！

⑯ 苦橙葉 Petitgrain

柑橘類的葉子，平凡無奇，氣味也不像果實及花朵般討喜，被廣泛運用。不經由特別介紹，一般人不會去注意到苦橙葉這種低調卻有很強放鬆能力的精油。

我第一次接觸苦橙葉，是在上課時，老師說這是窮人的橙花，安撫性很強，而且可以幫助太勞累，卻硬撐著不肯休息的媽媽們強迫關機。

當時我充滿著好奇。為了測試「強迫關機」這件事，我把自己折騰了好幾天，天天晚睡。

終於，在有一天的晚上九點鐘，我薰起了苦橙葉。真的不誇張，我進房間不到十分鐘，手機還握在手上就昏睡了起來。從此以後，我到處讓睡不著的人薰苦橙葉，尤其是很捨不得睡覺的爸爸、媽媽、小孩、青少年：效果真的很不賴。

原來苦橙葉裡含有和薰衣草相同的高比例乙酸沉香酯，以及沉香醇，而且是非常好的神經系統鎮靜劑，對於失眠、緊張、焦慮感、沮喪等，可以幫助快速地放鬆。不只如此，它還能給予人溫暖的感受，降低沒來由的憂傷及憂慮。例如，產後的媽媽。

在我的案例中，有一個族群也特別需要苦橙葉的滋潤——就是辛苦工作的爸爸們。很多爸爸因為工作上的壓力，回家後通常就不愛動、不愛說話，只想休息，久而久之，就會變成一個活動家具，沉默的過日子。但其實他們很需要被關心、被重視。這時候，苦橙葉就可以療癒他們寂寞又脆弱的心靈，讓他們可以帶著幸福感好好入眠（這時我腦中浮現出了一個畫面：就是家人還是不跟爸爸說話，就直接丟一瓶苦橙葉給他，讓他療癒自己……。這樣不行啦！我們還是要開口關心一下辛苦的爸爸哦！）。

薰香配方也可以用：苦橙葉＋天竺葵＋佛手柑，或是苦橙葉＋檸檬薄荷，都是不錯的選擇（如果忘了滴數怎麼拿捏，請回頭看一下遊戲規則參考 P24）。

如果有些人對於薰衣草的安眠效果起不了作用，也可以試試不同香氣的苦橙葉。

另外，如果臉部油質分泌旺盛、易長痘痘，或頭皮油脂旺盛的年輕人。有臉部困擾可以將苦橙葉精油滴一滴加在洗面乳裡；頭皮困擾就加在洗髮精裡洗，對於皮膚抗菌及抑制油質分泌的效果不錯哦！

苦橙葉代表的心靈能量：需要被關注及被支持的愛。

★Grace 老師解讀：

給習慣默默守候的你！當身體及心理過度疲累或焦慮，又得不到關注時，就讓苦橙葉來安撫你吧！

★單一問題 Q&A 解析：

方法：心中想著某件事（說出來也可以），左手伸進摸香袋，請它指引一個方向。抓出的精油是苦橙葉。

例如：

Q 15 歲的男學生，因為讀書熬夜，滿臉痘痘。

A 也不知道你是捨不得睡，還是壓力太大睡不好。多用苦橙葉吧！不管是對付皮膚問題或失眠，或不想睡。

Ⓠ 我一直找不到工作，想問什麼時候可以有點眉目？

Ⓐ 因為焦慮，你已經把自己的情緒繃緊到最高點，去面試任何工作得失心都會太重。你可以用苦橙葉加廣藿香薰香，放鬆一下自己。出門面試前搓點檸檬精油在手上嗅聞一下，睡得好又自信的你才會有勝算。

★摸香位置解析（方法參考 P17）：

摸出四支精油，苦橙葉出現在四個不同位置時，依次的解釋為：

解法

外在 1

別人看到的你：有你在的地方氣氛都會很好，為人很隨和。

內心 2

內心的真正想法：希望在苦悶的生活中有點活力，找到力量。

潛意識 3

潛意識想說的話：期待家人或愛人可以給自己多一點關心，相處也能更活潑些。

解決方法

如果拼命努力的付出，都沒有得到你要的效果，可以換個方向試試。

案例

26 歲，女性，產後六個月。

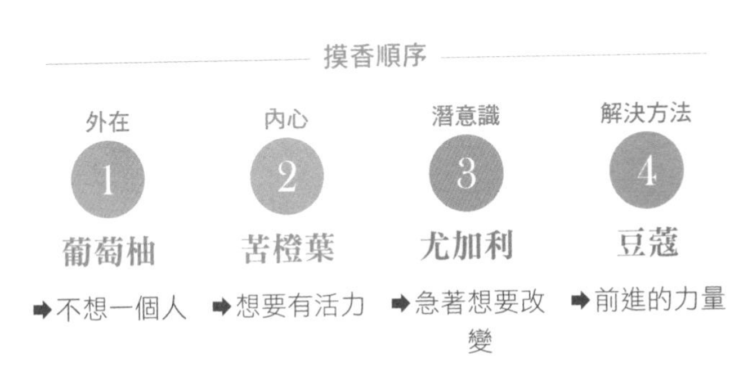

★案例解讀：

經過了生產，陪著孩子待在家裡一陣子後，覺得自己整個人都太沒有活力了，很怕被外界遺忘，很想有個改變或轉變，但是不敢說出來，因為孩子還太小，也想陪著孩子長大，所以內心很糾結。改變＝不想停滯，相信有智慧的妳會找到兩全的方式，讓自己一直前進。

★香氣解套法：

配方一：橙花＋苦橙葉＋花梨木＋檸檬（薰香或塗抹）。

心靈療效　有些事是急不得的，你可以先找出日後想做的事，先趁這段時間修身養息、慢慢規劃加學習。這是個完美的公主配方，因為，公主不一定是被寵壞的，但可以是有能力的、優雅的，最重要的是要愛自己。將這香氣洗完澡後加上乳液，擦在身體的皮膚上，不只可以安撫你焦躁的情緒，還可以讓皮膚柔軟、有彈性，摸上去就覺得很開心。

配方二：天竺葵＋薰衣草＋苦橙葉＋岩蘭草（薰香）。

心靈療效　很能給予愛及關心的薰衣草及天竺葵，正張開雙臂想擁抱你。對於你目前的焦慮、不安、苦悶，它們完全明白。苦橙葉與岩蘭草也準備好，一起讓你有滿滿的安全感及依靠，讓你可以天天睡個好覺、儲備好能量，迎向夢想中的未來。

★從香氣喜好分辨出不同特質：

喜歡苦橙葉香氣的人：親切，也樂於給人溫暖的關心及付出。

不喜歡苦橙葉香氣的人：表面任勞任怨，但內心還是期待有回應，有點寂寞、缺少關心。

喉輪與對應的精油

喉輪

梵文 Vishuddha（吠舒烏達）
表達意義：「純潔」。
掌管：溝通上的創造力、說服力、適當的表達。
脈輪位置：喉嚨中央的位置
對應身體的部位：肺、喉嚨、支氣管和聲音、甲狀腺、肩頸疼痛。

喉輪主要掌管「適當的」自我表達和言談。當喉輪正常運轉時，你將無障礙的表達你自己，你可以藉此而成為優秀的演說家，或靠表達來實現你想要的目地。

當**喉輪轉不動或完全封閉時**，會傾向不說話，很多話講到一半都習慣吞回去，個性多半內向害羞。而且，習慣性不說內心話，在這種狀況下會讓別人誤解——**你不願意溝通，也不願意承擔責任**。（當你們看到這時，心中一定有個讓你相似的代表人物在腦海中浮現出來。）

其實這樣的人是單純、善良的，很多話不說、不爭辯，只是不想因為不好的言語引起紛爭，不想傷人，因為你們是他在乎的人。

曾經有個案例讓我印象很深刻。大家一定都接過廣告行銷電話吧！一天可能會有無數通，讓我們煩到看到陌生電話都不想接。但你們知道嗎？當我們在這頭煩躁時，另一頭其實也有隨時被掛掉電話的恐懼。而他們這樣打擾我們，也只是因為想生存。

我的案例以前年輕時就是電話行銷專員，一天要打幾百通電話，雖然她靠著這工作賺到很多錢，但長久下來，她的喉嚨開始出現問題，一直清痰發出「嗯嗯」的聲音還是小事，嚴重時還會吞嚥困難，或彷彿被掐住脖子般的難受。她看了無數醫生都不見好轉，後來就在摸香的過程中，她找到了原因，我也幫她調製一款特殊香氣，讓她慢慢地緩解症狀。

我在胃輪也有提過，對孩子來說勇敢的表達是很重要的，如果每次犯錯都是父母單方面認定，而不給孩子表達或辯解的機會，對於鍛鍊孩子的勇氣及表達會是一個很大的阻礙。

我覺得助人也等於在幫助自己。經過了一些喉輪個案的歷練，我只要接到廣告行銷電話都會耐心地至少聽他們講完兩段話，然後婉拒。因為我明白，莫名被掛上電話是一種挫敗及嫌棄。雖然我不認識他們，但一個小動作就可以讓他今天少一點挫折，何樂而不為呢！

在和孩子溝通也是一樣的。不管我有多生氣、變得有多潑婦，我一定會先深吸一口氣、暫停一下，聽聽孩子的辯解。有一次，孩子他也急了，講得口沫橫飛、牛頭不對馬嘴，一個口誤，我們倆就開始大笑，這件事也就和解了。其實家人的相處不就是這樣嗎？會吵的都不是大事，只要能溝通，沒有任何事是過不去的，除非你不願意溝通。

上面闡述的是**脈輪正常運轉，及半封閉或封閉狀態**。另一種**喉輪運轉過度的**，容易太多話，喜歡掌控談話範圍，常常打斷別人，容易口出傷人之語，以致他人心中產生不滿。這種人通常也不是一個好的傾聽者，也只是個很會畫大餅，而不會實際行動的人。這樣的人胃輪通常過度旺盛。但換個角度看，這種人也只是因為沒有安全感，怕被他人剝奪了什麼而想表現自己而已。

像這樣的族群，我會建議他們用一些大樹類的精油。例如，檀香木、側柏、落葉松歐洲赤松、膠冷杉、花梨木……。以及貼近人心、同理心強的薰衣草、天竺葵、綠茶花、橙花、葡萄柚、甜橙等。

接下來介紹一下摸香時與喉輪對應的四支精油，包括**茶樹**、**尤加利**、**豆蔻**、**羅文莎葉**等。

喉輪運轉過度容易太多話，喜歡掌控談話範圍，且不會實際行動的人。

⑰ 茶樹 Tea Tree

茶樹是個人人都熟悉的植物，而且好處說不完。講到殺菌、抗感染、皮膚創傷、去痘痘等，第一個都會想到它。

但其實茶樹更擅長抗黴菌，例如，癬或香港腳。因此，把它拿來清潔過季的衣物或寢具都很好。

另外，對於煩人的陰部念珠菌，它也是滅菌的箇中好手。

茶樹，平時提升免疫的功能其實很不賴，有些人長期過度疲勞而常常小病不斷，就很適合天天使用。它也被稱為「剝皮樹」，從心理層面上來看，它適合更新現況，讓人萌發探索的好奇心，一點一點的創造出新的思維及想法，剝掉不愉快的舊照片，換上現在充滿魅力的自己。很適合做事保守又固執，又怕東怕西的人哦！

在我的個案中，只要抓出茶樹精油的人，對新的事物會很好奇也很愛學習。或許是想挑戰自己，或許想讓自己更有魅力，或許……。不管如何，一定只是為了讓自己變得更好。

補充一下，我自己對於茶樹在皮膚上的使用：

如果皮膚過於敏感的人會有點刺激感，對於傷口的表面也較容易乾化。因此，在使用時，可以加點其他的精油，或加一點點植物油，混合一下再擦。尤其是有大片傷口時，一定要如此做。

茶樹代表的心靈能量：學習是提升魅力最好的方式。

★Grace 老師解讀：

當你的生活面臨枯躁乏味、無所適從時，別忘了！充滿好奇心及不放棄的學習，會是讓你的魅力一直提升到爆棚最好的方式。

★單一問題 Q&A 解析：

方法：心中想著某件事（說出來也可以），左手伸進摸香袋，請它指引一個方向。抓出的精油是茶樹。

例如：

Q 想測明年自己的運勢如何？

A 明年會是一個學習年。先看好自己一直想去專研的興趣，激起最大的求知慾，努力的學習吧！這是個會讓你不一樣的一年。

Q 長期的工作讓自己很疲憊，想讓自己有點變化。

A 把固有的你丟掉吧！學習一個新的事物會讓你煥然一新、活力無限。

★摸香位置解析（方法參考 P17）：

摸出四支精油，茶樹出現在四個不同位置時，依次的解釋為：

解法

外在	內心	潛意識	解決方法

別人看到的你：熱愛學習、自我挑戰高，是個有活力也很有魅力的人。	**內心的真正想法：**很有活力，熱衷於某些事，內心渴望自己會更好。	**潛意識想說的話：**或許經歷過什麼過往，所以一直要求自己要表現或學習，讓自己更加美好，把過去不滿意的自己丟掉。	一直重覆發生或過不去的事件時，先問問自己，它想讓你學會什麼？

案例

28歲，女性，上班族，未婚。

摸香順序

外在	內心	潛意識	解決方法

薰衣草	**永久花**	**茶樹**	**甜羅勒**
➡有愛的人	➡關閉的事件	➡讓自己更優秀	➡有力量做自己

★案例解讀：

這是一位很有愛心及同理心的女孩，很會照顧人，跟朋友們都相處得很好，只是她的心裡有件讓她感到很挫折的事（應該是和他的工作能力有關的事），讓她對自己要求很高。學習再學習，她想讓自己超越一定的目標。

女孩後來跟我說，大學剛畢業時，她去應徵一個很不錯的工作。主管不喜歡她，嫌她笨、手腳慢、人又土，忍了半年後，她離職了。從那時候起，她報了很多課程瘋狂地學習，只為了有一天再遇到舊主管時能揚眉吐氣。過去的不愉快，促成現在更強大的妳，請繼續有力量地做自己。

★香氣解套法：

配方一：松紅梅＋茶樹＋快樂鼠尾草。

心靈療效　這是一個很妙的氣味。雖然松紅梅及茶樹是同科屬的植物，但所療癒的效果卻不同。當個案對自己要求到一個極致時，她的內心一定有過某種創傷，松紅梅正是用來療癒她的內心壅塞；茶樹會帶著她發揮生活中的活力及魅力，讓她敢於表達自己；快樂鼠尾草會協助她，讓她對自己的期許降低，順便把敏感的神經系統也降低一點，承認自己過去的不美好也是一種進步的動力。有句話說得很好：「別跟自己過不去。」因為，一切都會過去，善待自己很重要。祝福你！

配方二：乳香＋穗甘松＋丁香＋羅馬洋甘菊。

心靈療效　知道穗甘松的人看到這個配方一定會大叫，因為這味道也很……

但穗甘松搭配乳香卻可以療癒人心深處的「怨念」。這「怨念」不一定會表現在臉上或行為、言語上，卻會日日夜夜啃蝕一個人的心靈。

這個配方能讓隱藏在內心深處的「怨念」，藉由夢的能量來釋放、放下一切。再利用丁香來化解那股無力感。最後，就讓擅長修補人心的羅馬洋甘菊拉出那段過去，用輕柔的能量把傷口撫平。

從此以後，新生的你會展開最美麗的翅膀，往美好的未來飛去吧！

★從香氣喜好分辨出不同特質：

喜歡茶樹香氣的人：好奇心重，愛探索 ，追根究底。喜歡自己越來越好的樣子。

不喜歡茶樹香氣的人：對於更新現狀採保守態度，免疫力也會比較弱。

⑱ 澳洲尤加利 Eucalyptus Radiata

在澳洲，尤加利樹的品種多達六百多種，在這裡要講的樹種是澳洲尤加利。這樹種溫和、敦厚，又有滋養人心的能量，因此又有「婦幼用油」之稱。

尤加利在呼吸道的效果，是使用在有痰的咳嗽、抗病毒、鎮痛或某些婦科器官（陰道發炎、分泌物過多）的疾病，有清潔及消炎、化解組織沾黏的效果。

很有趣的是，它雖然位於喉輪，卻對於婦科也有幫助，這也是桃金孃科特有的功能。也可用在因為太在乎對方，導致言語上無法清楚表達或是溝通困難；以及心裡覺得委屈卻一直說不出口的事件上。

曾經有個案例，因為長期隱忍家人的言語挑釁，在一次大感冒後，導致上呼吸道及婦科嚴重感染。這樣上下一起的感染，也就是身體要告訴她：「妳失衡了，必須要面對問題，別再隱忍了。」這時可試試使用尤加利，可以讓溝通更順暢、無礙。

不過，尤加利的人格特性，說話是有點直，自我意識也強，又快又急也不擅於修飾，有時莫名傷了人還不自知。但因為它的本性是敦厚樸實的，所以純屬無心的居多哦！

尤加利代表的心靈能量：表達直接，期待新的轉變。

★Grace 老師解讀：

不管是說話很直接的你，或內心有好多話想大聲疾呼出理念的你，我想你都想要一個轉變吧！

★單一問題 Q&A 解析：

方法：心中想著某件事（說出來也可以），左手伸進摸香袋，請它指引你一個方向。抓出的精油是尤加利。

例如：

Q 發現最近人際關係不太好。

A 你是不是個性太直了，想什麼就說什麼？

Q 婦科疾病一直都無法徹底痊癒。

A 如果你有什麼想說的一定要說或寫出來，錄音也是一種好方法，千萬不要委屈自己了。

★摸香位置解析（方法參考 P17）：

（方法參考 P17）

摸出四支精油，尤加利出現在四個不同位置時，依次的解釋為：

解法

外在

別人看到的你：看起來爽朗、說話很直接，最近有一個轉變。

內心

內心的真正想法：遇到一些需要溝通的問題，很希望彼此間的溝通是順暢的。

潛意識

潛意識想說的話：這樣的溝通方式讓你覺得好累，渴望能有調整方式。

解決方法

換個比較直接的溝通方式，或許進展會比較快。

案例

32 歲，女性，職業婦女。

摸香順序

外在	內心	潛意識	解決方法
1	2	3	4
豆蔻	**尤加利**	**冷杉**	**永久花**
➡有能力的	➡溝通上想改變	➡距離	➡消化後打開顧忌

★案例解讀：

這是一個很有領導能力的女生，也能幫別人解決一些問題。但有件關於溝通的事讓她很無力。

雖然她的內心很希望可以與對方達成共識，但好像沒那麼順利。後來她就把自己束之高閣，讓彼此先冷靜一段時間。溝通不良會是很糾心的事，冷靜後就要把問題說出來，才能真正解決。

★香氣解套法：

配方一：快樂鼠尾草＋乳香＋尤加利＋胡椒薄荷＋佛手柑（擦胸口）。

心靈療效　不管這件事誰對誰錯，站在事件裡的人一定會陷在某個情節中。

我想請你將快樂鼠尾草在睡前擦在胸口，這可以協助你先降低對彼此的期待值（你覺得他要讓你，但他也可能覺得你要讓他。）。再把尤加利及薄荷、佛手柑一起薰香，透過嗅覺，讓你的大腦清楚地明辨這件事後，創造出最好的溝通模式，再找出對彼此最大的勝利點。有時候先退一步，會比把自己隔離起來更容易解決事情哦！

配方二：A 款：苦橙葉＋乳香＋安息香（薰香）。

B 款：尤加利或茶樹（要稀釋）。

心靈療效　我想你應該為了這件事有點受傷吧！在睡覺前先幫自己點一支能放鬆你神經、療癒你受傷心靈的 A 款香氣。我不知道這件事有沒有影響到你的內分泌系統，如果有，請將 B 款配方稀釋一下，早晚擦在外陰部，對你的困擾會很有幫助的。祝福你早日解決這件事哦！

★從香氣喜好分辨出不同特質：

喜歡尤加利香氣的人：快狠準，不愛拖泥帶水。

不喜歡尤加利香氣的人：行動、思考、溝通較緩慢，需要時間來完成。

⑲ 豆蔻 Cardamom

處變不驚，熱於奉獻。

忘了在哪裡看過這一段——早期的阿拉伯人會將豆蔻的種子磨碎，加入咖啡中。這樣溫暖的香氣，又被稱為「天堂的穀粒」。

雖然我沒喝過有豆蔻的咖啡，但我非常喜歡豆蔻。因為，在鼻水流不停、噴嚏止不住時，只要將豆蔻精油滴在口罩上戴個 5 ～ 10 分鐘，或搓在手上嗅聞，就能輕鬆緩解症狀。

印象最深刻的是，有一次我在日本上課，因為正逢櫻花季，進來的學生一個個都戴著口罩，還因為過敏噴嚏打個不停。當時我就是用這種方式輕鬆的解

除他們的症狀，然後脫掉口罩好好上課。然後他們一個個都對我說：「すごいですね（意為：好厲害唷）。」

豆蔻是薑科，它善於綻放熱度，給人溫暖也帶給人溫和而嚴謹的能量，協助並激勵身體的免疫系統。對於腸胃的消化，或因為腸胃型感冒引起的腹瀉也很好用（擦肚子及腳底）。

豆蔻也能增強左腦的邏輯性，使人頭腦清楚。當你太在乎別人的看法，而忘了自己自身的價值時，豆蔻會提醒他：其實你很棒，你就是你哦！

豆蔻的人格特質是有能力的領導者，處理事情穩穩當當的，而且樂於奉獻，是個很優秀的人才。

媽媽的題外話：許多過敏兒體質其實都是外寒內燥，對於這種孩子，睡前我會用植物油＋豆蔻擦他的肚子及腳底。孩子如果太躁會容易踢被子，所以可以先試試用檸檬加植物油擦後背，沒改善的話就只好端出昂貴的檀香木了。只要防護系統做好，孩子才會睡得好哦！

豆蔻代表的心靈能量：有能力，會為自己發聲也為別人發聲。

★Grace 老師解讀：

你是個很理智也很有能力的人，對自己的要求是有一定標準的。

當你看到旁人或下屬迷失自我、走不出來時，溫和的拉他們一把是你一定會做的事。

★單一問題 Q&A 解析：

方法：心中想著某件事（說出來也可以），左手伸進摸香袋，請它指引一個方向，抓出的精油是豆蔻。

例如：

Q 測自己的下半年運勢如何？

A 你是個很有能力的人，很多事都能手到擒來。

Q 最近壓力很大，不知該怎麼辦？

A 你是不是面臨了棘手的事？應該消化系統也不太好吧！用豆蔻擦擦肚子、手腕上，再靠近鼻子嗅聞一下，它會帶給你能量。

★摸香位置解析（方法參考 P17）：

摸出四支精油，豆蔻出現在四個不同位置時，依次的解釋為：

解法

外在 1
別人看到的你：很有能力的領導者，可以很穩當的處理好許多事。

內心 2
內心的真正想法：期望自己可以穩當的處理好現在有點棘手的事。

潛意識 3
潛意識想說的話：對自己的期望很大，好還要更好，這樣的壓力實在有苦難言。

解決方法 4
先別管他人的想法，你的能力足以解決一切。如果擔心，可以找個能領導你方向的人。

案例

50 歲，男性，高階主管。

摸香順序

外在	內心	潛意識	解決方法
 1	2	3	 4
花梨木	豆蔻	萊姆	冬青
➡支持能量	➡想發揮能力	➡有苦難言	➡堅持下去

★案例解讀：

這位先生是一個能給他人強大支持及幫助的人，也是個大暖男。但最近在工作上遇到一點事。

他心心念念想要安穩妥當的處理好，讓老闆看到他的能力。只是這過程有點艱辛，讓他再苦也要吞下肚去努力完成。雖然有點難，但要相信自己是有能力的人，堅持下去就會出現突破口。

★香氣解套法：

配方一：雪松＋廣藿香＋佛手柑。

心靈療效　很多事的成功及完成，不是等別人給你讚許，而是你要先認同你自己。這款男神香氣想要協助你，信任自己的能力，也相信自己的決策。在香氣協助你放鬆的過程中，是想讓你轉個彎也轉個念，或許會有更美妙的火花出現哦！

配方二：豆蔻＋丁香＋肉桂＋紅橘。

心靈療效　火辣辣的香料植物，正等著給你暖上加暖的溫暖，好化解你的無奈、心有餘而力不足，以及說不清的苦。俗話說：「醫者難自醫。」雖然你看別人的事都很透澈、一招即中。但這款香氣正是想拉你脫離看不清楚的現況，讓你找回穩重的自己，不管在哪一方面。

★從香氣喜好分辨出不同特質：

喜歡豆蔻香氣的人：擅長解除迷惑。主導權在自己手上、樂觀。

不喜歡豆蔻香氣的人：容易被影響。找不到方向，對未來是迷茫的。

相信自己是有能力的人，堅持下去就會出現突破口。

⑳ 羅文莎葉（胺油樟） Ravensara

羅文莎葉，馬達加斯加土生土長的當地特產。據說曾有一個西班牙的植物學家，因為看中它的抗病毒及治感冒的效果很好，想把它移植回西班牙。結果發現，在西班牙的羅文莎葉療效並不好，只好放棄。後來它還是被留在了它的故鄉——馬達加斯加。

聽完這個傳說，我覺得和它的人格特性很吻合。其實他是很熱情的，但遇到不願意的事他不能說話也不能拒絕，只能用另一種方式來表達抗議。因此羅文莎葉很適合溫和謙卑、有禮貌，但卻不知道該如何婉拒別人好意的人；或身處於一個很複雜的環境裡，有許多負能量讓你喘不過氣卻也脫離不了的時候。這時出門前，可用羅文莎葉＋花梨木＋檸檬，擦在後背，或在家裡薰香，會給你一個清明的思緒，以及龐大的支撐，讓你勇敢說不。

如果有機會到馬達加斯加，會發現，每家藥店都有羅文莎葉的產品，可見它深獲當地人的喜愛。因為它抗病毒、治感冒的效果很好，當地人會把它的葉子洗淨煮成茶來治感冒，也會煮成洗澡水拿來洗澡提升免疫力、預防傳染病及病毒感染。另外，也會把葉子曬乾，塞進枕頭裡治療頭痛。

在歐洲，羅文莎葉的療效也大獲好評，除了抗病毒強大外，也是老幼病弱都能使用的好植物。因此，有些國家的重症病房會拿羅文莎葉來按摩病患身體，好幫助其提升自體免疫系統。不只如此，它對於呼吸道的感染，例如，鼻竇炎、中耳炎、支氣管炎等，也很有療效。

我自己也把羅文莎葉運用在孩子的身上。當孩子感冒時，我會用羅文莎葉加一些呼吸道用油（乳香、薰衣草、迷迭香、冷衫、羅勒等），加上植物油，在孩子後背、腳底按摩。

在平時（尤其是學校的疾病傳染期高峰），我也早晚把原有的防護用油加上羅文莎葉，按摩在孩子的後背、腳底，這個效果真的很棒。

如果家中有老人小孩，這瓶精油很值得推薦。但購買時請注意產地哦！

羅文莎葉代表的心靈能量：勇敢說「不」。

★Grace 老師解讀：

當你因為無奈而被丟進一個不屬於你的環境時，對於一些不公平的待遇請不要隱忍，要勇敢的說出你的想法，或勇敢的拒絕所有不合理的一切。

★單一問題 Q&A 解析：

方法：心中想著某件事（說出來也可以），左手伸進摸香袋，請它指引一個方向。抓出的精油是羅文莎葉。

例如：

Q 覺得感冒一直都不會好。

A 羅文莎葉想告訴你：你身體上的負擔太重了，免疫系統就會偏弱。你該好好的、狠狠地睡一覺，放掉身體上及心理上帶給你的過多壓力。

Q 最近晚上睡覺時一直咳嗽、睡不好。

A 是不是有什麼事情讓你吞不下又不好啟口？試

試睡前擦上羅文莎葉在胸口，可以讓你舒服一點。

★摸香位置解析（方法參考 P17）：

摸出四支精油，羅文莎葉出現在四個不同位置時，依次的解釋為：

解法

外在	內心	潛意識	解決方法
			4
別人看到的你：感覺是一個有熱情的人，愛說話，有些事讓你覺得不公平就會立刻說出來。	**內心的真正想法**：雖然心裡覺得「怎麼有這麼多亂七八糟的事呀？」但敢怒不敢言。	**潛意識想說的話**：累積了很久的無奈，想逃離卻沒有勇氣。	你是個很讓人喜歡的人，請說出你想說的，拒絕你不願意的。

案例

24 歲，男性，剛就業。

★案例解讀：

是個很有正義感也很熱情的男生，剛進入公司就和同事相處得不錯。但可能看到一些公司不合理的要求，或上下屬相處的模式，讓他覺得不太公平。因為剛進入新公司，不想與人結怨，而且，這間公司的福利也很好，想走也捨不得走，內心很交戰。最後還是選擇把覺得不合理的事吞下肚裡去。但請記得吞下去的不會消失，讓它消化掉，未來會更美好。

★香氣解套法：

配方一：羅文莎葉＋廣藿香＋雪松＋零陵香豆。

心靈療效　你的方向很正確。剛進入一家新的職場，就是要先觀察，不要先樹敵。可能因為你的個性，所以你看不下去一些事。資深的同事是怎麼生存的呢？面對你看到的一些不合理的事，一定有他們的生存模式。觀察一下吧！調製給你的魔法香氣，會讓你找到可以互相信賴的夥伴，解除你心裡的不平衡。藉由雪松的高能力及自我控管能力，讓你在新公司表現越來越好，即使有什麼吞不下的事情，零陵香豆也會協助你化解心口的壅塞，給你一個喘息的空間。

配方二：茉莉＋肉桂＋佛手柑＋檀香木。

心靈療效　協助你擁有茉莉的自信及寬容；佛手柑能提振士氣、補充能量，與同事愉快的相處；檀香木會還給你一個清靜的空間。不過，在職場上，講究的是「人不犯我，我不犯人」的原則。我們不主動找事，但避避小人還是必要的哦！就讓熱情又消災解厄的肉桂來幫幫你吧！

★從香氣喜好分辨出不同特質：

喜歡羅文莎葉香氣的人：熱愛自由。是個善良的人，不善於拒絕。

不喜歡羅文莎葉香氣的人：在人際中容易找不到方向。保護色較強，也會藏秘密。

眉心輪與對應的精油

眉心輪

梵文 ajna

表達意義：「無限的力量」。

掌管：第六感、直覺力、藝術、創意和想像力。

脈輪位置：兩眉中間。

對應身體的部位：五感官系統、大腦和前額，以及學習障礙。

當此**脈輪運轉正常**時，你會有很敏銳的直覺，並且喜歡天馬行空般的創意、優游自在。

但如果此**脈輪不活躍**，你會興起依賴別人的想法。（例如，會以他人的期望值來當成自己想要達到的目標）當達不到他人眼中期望的自己時很容易陷入迷惘。也因為沒有成就感、提不起勁，而且會一直搞不懂自己想要的是什麼。容易思緒混亂、腦神經衰弱，嚴重時就會罹患憂鬱症。

如果此**脈輪過度活躍**，你可能會過度活在幻想的世界中，看不透自己，也找不到真正的自己。

接下來就來介紹以下四支對應的精油：**羅勒**、**葡萄柚**、**冷杉**、**冬青**。

眉心輪不活躍，就會興起依賴別人的想法。

㉑ 甜羅勒 Sweet Basil

協助，香草之王。

有好幾次，在個案的處理中，讓媽媽很擔心的孩子，經常都會抓到羅勒精油。

媽媽擔心的理由都很簡單：她的孩子都不按牌理出牌，非常難管教，她們擔心再這樣下去，孩子會太過叛逆。當我知道孩子抓到羅勒的時候，我都會笑笑的跟媽媽說一句：「他就是個王呀！王的想法和一般人是不會一樣的。你不用擔心他，他會在他的體制內走得非常好。」語畢，通常孩子都會投給我一個微笑，謝謝我懂他們。

羅勒是香草之王，它有啟發及協助他人的功效。

有想法的人通常會比較容易缺乏族群融合感，因此，在人際關係的圓融上都會有點弱。不是他們不愛接觸人群，而是個性過於耿直，不善於表達出自己的情感。作風強烈直率，但又會心細的太在乎他人的想法而受到傷害。所以，他們會全力在工作上衝刺，避免不必要的紛爭。其實，他們都很善良。

許多人拿到羅勒精油時都不知道該怎麼用。羅勒除了對呼吸道、腸胃道，有良好的防禦及抗菌功能外，還可以溫和的調整免疫力及幫助身體的血液循環，如高血壓或動脈硬化，或因為過勞的肌肉僵硬等都適用。

擅長與神經系統連結的羅勒，我也會把它用在處理感染的中耳炎及內耳不平衡。另外，對於增加記憶力與喚醒記憶，它的能力也不比迷迭香差哦！

因為壓力太大而引起的神經性偏頭痛，只要把羅勒精油滴在手指上，再去抓抓頭，效果也很棒的。

雖然說，單萜醇的親膚性高，但對於小小孩或皮膚較敏感的人，我還是建議先稀釋再使用。

羅勒代表的心靈能量：有能力的人找到方向。

★Grace 老師解讀：

一個有能力的人都會有自己獨特的想法及作法。或許在別人眼中，你有點特立獨行，但你明白要如何達成目標及理想。雖然你不太會與陌生人相處，可是善良的你還會去協助需要幫助的人。

★單一問題 Q&A 解析：

方法：心中想著某件事（說出來也可以），左手伸進摸香袋，請它指引一個方向。抓出的精油是羅勒。

例如：

Q 為什麼主管不喜歡我？

A 你自己就是一個王，自主性太強，不太聽別人的意見。試試在公司裡行事內斂一點、裝一下傻，不然主管會覺得你會威脅到他的地位。

Q 畢業以後適合我的工作是什麼？

A 我想你應該有自己內定、想要的工作了。或許有些人對你的決定不支持，但請相信自己的直覺，你會做得很好的。

★摸香位置解析（方法參考 P17）：

摸出四支精油，羅勒出現在四個不同位置時，依次的解釋為：

解法

外在	內心	潛意識	解決方法
	2		
別人看到的你：看事情的方式與他人不同，不喜歡受人控制，討厭被束縛。	**內心的真正想法**：很有想法，想要自由自在走自己的路。	**潛意識想說的話**：不想被束縛的國王，但似乎被困住了，有點煩躁，很想掙脫。	試試聽聽他人的想法再做決定。

案例

16 歲，男生，高中生。

摸香順序

外在	內心	潛意識	解決方法

山雞椒	**羅勒**	**快樂鼠尾草**	**絲柏**
➡自由自在	➡很有想法	➡期待值	➡有規則的

★案例解讀：

這個孩子很有方向，不在乎外界對他的看法，自由自在，想做什麼就做什麼。但是因為他太隨興了，所以和學校的同學、老師都處得不太好。家人對他很擔心，他也知道他做的事和家人的期待不一樣，所以常常有爭執，他也覺得很無力。其實你懂相處的遊戲規則，只是不願意配合，有時裝點乖、循規蹈矩會換來更多自由。

★香氣解套法：

配方一：羅勒＋葡萄柚＋桔葉＋薄荷。

心靈療效　孩子，做自己，有自己的方向及夢想都沒有錯，我覺得你可以把未來走得很好。只是你有想過和別人一起合作嗎？有時候，一個人做不了太多事，因為會太累，也會因為要想很多計劃而太焦慮。你就是一個領導者，找幾個和你志同道合的朋友一起合作吧！你可以帶領他們一起面對你們美好的未來，這款香氣可以協助你，不僅放鬆、睡好覺，還可以引導你有不一樣的想法。該怎麼決定？我想，你知道。

配方二：廣藿香＋佛手柑＋花梨木＋檸檬。

心靈療效　或許大家不了解你，是因為你很少為自己解釋什麼。有些想法說出來旁人不一定會懂，所以，你就選擇做你想做的，什麼都不想管。這款香氣是我很喜歡的，我覺得它可以增進人與人之間的信任，有個溫暖的依靠，還可以激發出很多創意及想像力，還能讓自己在朋友圈裡魅力無限。現在，我就把這美好的魔法香氣送給你，讓你勇敢的面對每一天。

★從香氣喜好分辨出不同特質：

喜歡甜羅勒香氣的人：有自己的主張、執著、不容易被影響。

不喜歡甜羅勒香氣的人：個性溫和、隨和、容易妥協。

有自己的方向及夢想非常好，
偶爾也可以試著和他人一起合作。

㉒ 葡萄柚 Grapefruit

是不是有一種人做什麼都要有人陪？愛團體行動、愛熱鬧、愛跟大家一起工作，連出差都要拖著別人一起。這樣有趣的人格特質，不知道是不是因為它是橙子加柚子的混血種，而且是成串的生長著，有種不管在什麼地方，我們都一定要緊緊的相依為命的感覺。

這種莫名的一直想和誰串在一起的感覺，或許是沒有安全感，或許是內心脆弱，也或許這樣才有依靠。但它從不會明說，它會發出求救的眼神及有意無意的幽默感，左兜右拐的，讓別人覺得有點不忍拒絕，而願意一直陪伴他去闖蕩江湖。葡萄柚是個很可愛又有點小心機的植物。

它的氣味甜美，可以帶給人正面的態度及能量，促進快樂因子——多巴胺的分泌，足以帶給人滿滿的幸福感。對於大腦機能退化（帕金森氏症），也能給予良好的協助。因此，當你有點失落，或對自己有厭惡感時，加點葡萄柚薰香吧！它會幫助你找到正確的方向哦！

葡萄柚可用在身體或減脂上。利用嗅聞來驅動大腦減少飯量，或調製成按摩精油幫助身體代謝、消水腫，它都會是個好幫手。對於心因性肥胖也有解哦！

葡萄柚代表的心靈能量：與你愛的人、事、物，都圈在一起。

★Grace 老師解讀：

把與你愛的人、事、物，都圈在一起，是你覺得最幸福的事。因為不管你要做什麼，都想要有個依靠，這樣人生才有意義。

★單一問題 Q&A 解析：

方法：心中想著某件事（說出來也可以），左手伸進摸香袋，請它指引一個方向。抓出的精油是葡萄柚。

例如：

Ⓠ 孩子最近都會在睡夢中哭醒。

Ⓐ 葡萄柚想對你說：孩子最近內心比較脆弱，需要陪伴。或者你可以將岩蘭草擦在他的腳底，或薰一點葡萄柚加薰衣草，對孩子會有幫助。

Ⓠ 怎麼樣才能有一點活力及創造力，不然都覺得自己快發霉了。

Ⓐ 葡萄柚會給你很多的能量及活力。可以將葡萄柚加薰衣草，然後一起薰香或擦在手腕上嗅聞，都有很好的效果哦！

★摸香位置解析（方法參考 P17）：

摸出四支精油，葡萄柚出現在四個不同位置時，依次的解釋為：

解法

外在 1

別人看到的你：喜歡和一群人一起共事或一起合作。

內心 2

內心的真正想法：感情上很想和誰串連在一起，或期待與誰一起合作。

潛意識 3

潛意識想說的話：不管是感情或工作上，都很渴望有人陪著他一起，或支持他；渴望熱烈的友情或渴望甜蜜的愛情。

解決方法

合作是一件很棒的事，不要自己一個人。

案例

28 歲，女性，創業中。

摸香順序

外在

伊蘭

➡熱力奔放

內心

葡萄柚

➡不想一個人

潛意識

苦橙葉

➡關心

解決方法

岩蘭草

➡安全感

★案例解讀：

正處於創業階段的你，活力四射，也非常有熱情，想把什麼事都做得很好。但是你明白，有些事是你一個人做不來的，你很想要有個人陪你一起衝刺，或給你滿滿的支持及熱情的關愛。有人陪著是很棒的事，但忙碌的你，先給自己滿滿的安全感吧！

★香氣解套法：

配方一：岩蘭草＋花梨木＋葡萄柚＋天竺葵。

心靈療效　不管是孤軍奮鬥或是想要獨撐大局，這對你來說都是很累的事，而且容易沒衝勁。

這款魔法香氣，想賦予你從頭到腳都能有足夠的安全感及支持力，凡事都能勇敢地前進。讓喜歡成群結黨的葡萄柚，幫你找到可以協助你的夥伴；最能散播愛的天竺葵，讓你的心被愛完全覆蓋（不管是愛情或工作上），隨時都能有充足的氣場邁向美好的未來。

配方二：粉蓮花＋檀香木＋古巴香酯。

心靈療效　粉蓮花除了具有非常宜人的氣味，也能讓事業、感情兩方面都順利的效益。配上渾厚又帶著安全感十足的檀香木，再搭配上給予你溫暖、強化自信心的古巴香酯。我想說：不管有沒有找到你想要的陪伴或依靠，先把自己照顧好是很重要的。

★從香氣喜好分辨出不同特質：

喜歡葡萄柚香氣的人：熱情、活潑，擅長銷售，在團隊中很吃香。

不喜歡葡萄柚香氣的人：情緒低落，容易疲倦，需要被關心。

忙碌的妳，請先給自己滿滿的安全感吧！

㉓ 歐洲冷杉 Silver Fir

冷杉類是歐洲最大的原生樹種，松葉樹也是大地上最古老的植物之一。終年長青，生命力也旺盛，耐受力及承受力也很強大。也因為有如此強大而內斂的支撐能量，在內心如果缺乏紮實的自信或行動力時，冷杉都能給予協助。它就像爸爸的大手般支撐著你，推著你走的每一步路，讓你都有強大靠山的感覺。因為有這樣的心靈依靠，它對於小兒受到驚嚇後的啼哭（擦胸口），及幫助孩子骨骼的成長（擦後背），都有效果。當孩子成長痛時，我也會用冷杉＋薰衣草擦在孩子的身體關節處，讓他放鬆一下。

冷杉的品種很多，在這裡簡單的幫大家分析一下用法。基本上，針葉大樹對呼吸道系統及骨骼都很有幫助，只是各有各的巧妙。

1. **歐洲冷杉**：針對慢性呼吸道疾病，讓呼吸道保持潤澤感是它的強項。因此，這是一支長年可使用，也可以和任何含 1 ～ 8 胺油醇過高的植物搭配（尤加利、迷迭香、豆蔻），這樣一來，就可以減少呼吸道過乾的現象，也比較不易乾咳。

2. **道格拉斯冷杉**：在呼吸道使用上比較擅長化痰的功能。對於處理骨骼的疼痛及風濕性關節炎，或孩子成長問題，我偏向使用道格冷杉，因為它比一般冷杉多了抑制破骨細胞的化學分子，在心靈功能上，更適合用來做良性的溝通，不讓人們為一點小利益而撕破臉。

3. **西伯利亞冷杉**：如果歐洲冷杉像爸爸，道格拉斯冷杉像爺爺，那敦厚溫暖的西伯利亞冷杉就是媽媽了。

這位冷杉媽媽聞起來甜甜的，擅長用溫暖的懷抱，解決因情緒壓力引起的呼吸道問題。如莫名的咳嗽、屢看不好的支氣管炎或因為壓力而睡不好，都可以試試溫柔的西伯利亞冷杉，它會帶給你很多勇氣及能量，一起度過這個關卡。

4. 膠冷杉：膠冷杉是個溫柔的大叔叔，對於小孩或老人家的呼吸道脆弱，或容易過敏，它都能幫上忙。它化痰的效果會比其他冷杉來得有力道，也不會引起乾咳症狀，可以和其他冷杉搭配使用。擦在胸口上按摩一下，也可以化掉說不出口的那股怨氣。

摸香中，會摸到歐洲冷杉的人通常看起來冷冷的，有點冰山美人或不苟言笑的紳士。他們都很有理想，想要做點什麼。不過，這種看起來高傲、有距離的樣子，不是他們樂意被形象化，因為這棵樹實在長得太高，和一般人的想法不太一樣。也許他們也正在燒腦般的煩惱著——我要如何降下高度與你們在地面碰頭呢？這時候就看誰願意找把梯子咚！咚！咚！的來幫彼此拉近距離哦！

冷杉代表的心靈能量：給予支撐的能量，協助理想的完成，但請記得要降低高度哦！

★Grace 老師解讀：

我知道你想冷靜一下，但站得太高是會很寂寞的。就算有滿腔的抱負理想，也需要有人能討論吧：下來一點好嗎？我們正仰著頭等你（頭好酸）。

★單一問題 Q&A 解析：

方法：心中想著某件事（說出來也可以），左手伸進摸香袋，請它指引一個方向。抓出的精油是冷杉。

例如：

Q 如何才能找到理想中的工作？

A 如果你是一個很有理想抱負的人，你應該會明白你想做什麼，但不能只是想，行動力也很重要。請問你具備了找到好工作的能力了嗎？

Q 人際關係的問題。

A 其實大家沒有不喜歡你，只是覺得你好像和他們是不同世界的人，不知道要怎麼接近你。你可以先去向他們主動示好，我相信會有不同的收穫。

★摸香位置解析（方法參考 P17）：

摸出四支精油，冷杉出現在四個不同位置時，依次的解釋為：

解法

外在	內心	潛意識	解決方法

別人看到的你：是個很有理想抱負的人，但不好親近，有點冷冷的。	**內心的真正想法**：自視有點高，覺得自己蠻不賴的。朋友比較少，有點小寂寞。	**潛意識想說的話**：內心的理想抱負不是人人能懂，覺得不被理解，內心很孤單、寂寞。雖然嘴上都說：「沒關係！」	加一點熱情，要行動，一步步擴張理想。

案例

35 歲，男性，已婚。

摸香順序

外在	內心	潛意識	解決方法

冬青	**冷杉**	**羅勒**	**快樂鼠尾草**
➡溝通、面對	➡理想主義者	➡想要做自己	➡調整心態

★案例解讀：

最近夫妻間的溝通似乎有點問題。我想應該是你有你的理想及抱負，也很想照自己的步伐一步步地完成夢想，但可能這效益達不到家庭的要求，所以會有爭執。我們都會想要自己的空間，站在對方的立場去溝通，才會有你想要的答案。

★香氣解套法：

配方一：快樂鼠尾草＋薰衣草＋松紅梅＋葡萄柚（薰香）。

心靈療效　或許彼此在某個方面期待的數值（經濟問題）不太相同，這種事沒有對錯，需要的是要溝通一下，你能做或她想要的，讓溫暖的薰衣草來化解紛爭。我也明白你自我期許很高，雖然內心很挫敗，但你也努力了，就讓松紅梅來安撫你內心的失落。葡萄柚會帶給你能量、熱度、活力，讓你提起勁再走下去。

配方二：古巴香脂＋冬青＋薰衣草＋羅勒＋馬鬱蘭＋冷杉＋薄荷（按摩用）。

心靈療效　當心理壓力太大時，身體的骨骼也會承受不住，所以適時的放鬆是一件很重要的事。這是一款讓身體放鬆的精油，我的比例是先拿個空瓶裝上90%植物油，剩下的10%，請把精油1：1的裝入瓶中，搖勻後即可使用。可用來按摩後背及肩頸，熱敷的效果會更好哦！

★從香氣喜好分辨出不同特質：

喜歡冷杉香氣的人：獨立、有自信的人，對未來很有想法。

不喜歡冷杉香氣的人：熱愛當下，需要他人協助，單打獨鬥會覺得無助。

㉔ 冬青 C.Wintergreen

冬青，也稱為「白珠樹」，花語是「夫妻間最深情的等待」。它是丹麥的國花，喻意是「樸實、堅毅、不畏嚴寒，有旺盛的生命力」。它生長在尼泊爾崎嶇的山區，日夜溫差大，紫外線也強。但因為冬青樹不高，無法與周圍的大樹競爭陽光，也容易任人踩踏，因此冬青就成為「易退讓者」或「想刷存在感的人」的代表精油。適合過度被欺壓，或容易自我犧牲的人所導致的肩頸、後背及下肢疼痛。除了能解除疼痛外，它的氣味更能幫助人承受龐大的壓力，而不至於輕易被壓垮，以及面對的勇氣。

冬青的主要成份是水楊酸甲酯，坊間某知名的酸痛貼布就是取它的氣味。雖然它可以消炎止痛，卻不適合長期、高劑量的使用，對肝臟的代謝功能還是會有影響。

但它為何和夫妻間的相處有關係呢？看了上面的介紹也看得出來，冬青的耐性很夠，抗壓耐磨、夠低調是它的特性。（雖然它也是有故事的，我就簡單地述說一下。）

在古早時期的夫妻關係，通常老婆都善於當一個冬青，家中除了做不動的全都扛下了，能吞的、不能吞的苦也都吞了。那是因為，她們出嫁時就有一個傳統觀念：丈夫是我的天，也是依靠，我跟他就是「一輩子」的事。這三個字支撐她所有的信念，即使到死也還是丈夫的人。所以我發現一件有趣的事：當個案是夫妻關係，抓出來的精油通常老婆是冬青居多，老公則是萊姆。

別誤會，這並不表示老公沒心肝哦！只能說明老公還是把另一半當老婆，只是他想簡單的處理這種生活中微微的苦，也就是說，他想甜蜜啦！男人其實真的很簡單的，女人別想太多。

對於未婚的人來說，冬青有種勇於面對及打死不退的寓意。

除了在感情上，對於工作或生活上，其實他們都是很和自己計較的——事情要做就要做到達標，不然就渾身不舒服。我想大家身邊應該都有這樣的人。只是這樣為難自己，身體上的疼痛及焦慮也是一定會有的。請轉告他們：放鬆也很重要。

冬青代表的心靈能量：學會再退一步，擁有度過難關的勇氣。

★Grace 老師解讀：

不管和誰的相處上，其實一直緊迫的咄咄逼人是不會有任何緩解空間的。

學著往後退一步，當有空間時，你看到的會是不同的結局。對自己也一樣哦！

★單一問題 Q&A 解析：

方法：心中想著某件事（說出來也可以），左手伸進摸香袋，請它指引一個方向。抓出的精油是冬青。

例如：

Q 在某某人的心裡，我的角色是什麼？

A 冬青。代表著想一起過一輩子的人。

Q 遇到一些事讓我對人生感到毫無動力。

A 冬青想告訴你：它可以帶給你前進的動力。聞聞它的氣味吧！

★摸香位置解析（方法參考 P17）：

摸出四支精油，冬青出現在四個不同位置時，依次的解釋為：

解法

外在	內心	潛意識	解決方法
1	2	3	4
別人看到的你：不管在感情上或生活上，對自己所做的決定都會有毅力去完成。	**內心的真正想法**：對自己的要求很嚴格，沒有做到一定的程度不會輕易的放過自己。	**潛意識想說的話**：心裡有個坎，但又不想放棄，只想再想辦法度過這個難關。	雖然有點難，但堅持下去就會有突破口。

若摸香者為以下身分時

摸香者為未婚的人：與工作及生活有關。
摸香者為已婚的人：與夫妻相處有關。

案例

30 歲，女性，未婚。

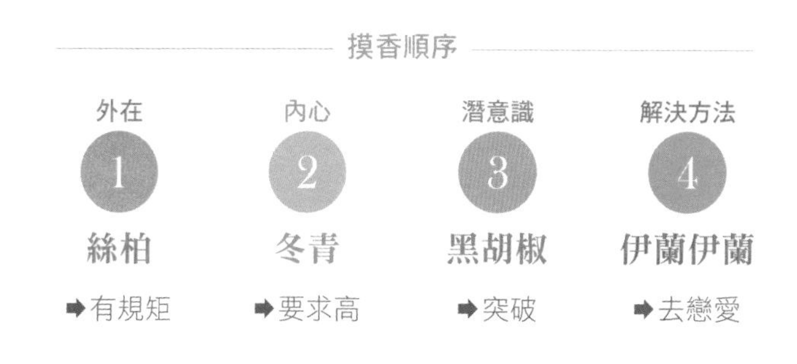

★案例解讀：

這是一個做事很有規矩及條理的人，對自己的要求也很高。也因為過度要求自己，忙於工作，即使想結婚也沒有對象。長時間下來，她覺得有點累了，很想有一個大轉變。這是和以前的她很不一樣的地方。最大的轉變或許是讓另一個人進入妳的生活中，去戀愛吧！找到愛妳的人。

★香氣解套法：

配方一：廣藿香＋依蘭＋葡萄柚＋花梨木（薰香、擦拭）。

心靈療效　當你一直埋頭苦幹時，一定沒把自己的魅力發揮得很好，所以都沒被有心人發現。

現在將調製好的「魅力女人香」送給你，可以把它當成香水擦或在家薰香。不管用什麼方式，只要可以把你隱藏的魅力散發出來就好。

配方二：天竺葵＋薰衣草＋甜橙＋香草（薰香）。

心靈療效　充滿愛的天竺葵、薰衣草，帶著像太陽般能量的甜橙，加上甜美可愛的香草，可以幫助你下班後的放鬆，讓你擁有好睡眠。或許會在夢中探索到你內心像孩子般的純真及有創意的一面，扭轉一下你的未來吧！

★從香氣喜好分辨出不同特質：

喜歡冬青香氣的人：再難的事都會想辦法完成。

不喜歡冬青香氣的人：會有很多壓力，覺得難受，不知道要怎麼突破。

頂輪與對應的精油

頂輪

梵文 sahasrara

表達意義：「空」。

掌管：理解，超越自我意識、靈性啟發。

脈輪位置：頭頂百匯穴。

對應身體的部位：神經系統、大腦。

頂輪的位置在頭頂百匯穴，主要掌管超過自我智慧及和世界合而為一的感覺。用白話來說，也叫「開悟」。因此，很多在宗教上有修為的人，都會在頂輪比較活躍。

當此**脈輪運轉正常**時，你會傾向大我（不執著、不偏見）、內在平靜，並且意識到此世界和你是可以和平共存的。最簡單的一個分辨法，就是在與人共事時很願意分享共同利益的人（因為利益的競爭是人類最大的弱點）。

如果此**脈輪不活躍**，你將不會察覺到「精神世界」（想像空間）的存在，太理性到思考十分受限。而且，常常因為看不懂他人要什麼而陷入困境。有些思考過度的案例中，都會有頂輪堵塞而常常感到頭痛的情況。這表示你是真的想太多了，其實只要清一清，讓能量出去就會好了。

另一方面，此**脈輪過度活躍**，你將可能過度陷在幻想世界裡。而這種對於精神世界追求過度熱衷，卻忽略你身體的需要或負荷，會容易造成一些精神疾病。例如，精神分裂症。

簡單的說，當腦部運轉過度時，行動力會不足，所以能量聚集在腦部，容易多夢或睡不好。這時，我會幫個案的能量引到下方脈輪。例如，可以使用**芫荽籽**、**胡蘿蔔籽**、**歐白芷根**、**生薑**、**檸檬草**、**岩蘭草**等來擦腳底。

可使用精油進行療癒，包括**薰衣草**、**絲柏**、**維吉尼亞雪松**、**側柏**等。

㉕ 真正薰衣草 True Lavender

和平、感恩，等待愛情。

薰衣草的品種非常多種，最高等級的真正薰衣草（拉丁文 *Lavandulavera/Lavandula officinalis*），它生長在高海拔區，花朵並不美麗，但卻很有母親的特質：柔軟、感性、堅韌、擅長安撫人心，釋放愛，但也期待別人能給予它關注及愛。

它隸屬於多分子精油，協同效果很強大，意思就是——和誰都可以搭配，而且會把對方襯托的更有價值。這一點是不是很像無私母愛般的全然奉獻？

很多人都認為，薰衣草可以安眠、可以放鬆，但如果平時在精神上緊繃到不行或是壓力太大的人，睡前用真正薰衣草量很大時，做夢的時候會有一些混亂的「情節」產生，甚至有人會做惡夢。其實，這些夢都和正面臨的「關係」有關連。要知道，夢是現實的延續，或許你現在正遇到可怕的事件或壓力，薰衣草及大腦正聯合起來幫你卸除壓力呢！聽到了嗎？薰衣草說：「別怕！過了就好。」

薰衣草很萬用，不管是身體上或心靈上。但量不要一次太多，「量少則安撫，量多則亢奮」，是使用精油的基本原則。

曾經有一個金融業高階主管，每次找我摸香時都會在第二、三次抓到薰衣草，到第四次又抓到時，我搖搖頭對他說：你的「坎」就是不夠柔軟，你不先釋放出愛，你要你的部屬怎麼愛你、為你拚命呢？試試當個柔軟的薰衣草吧！

是的，當你覺得自己內心太強硬，或過度完美、要求太高（這些自己都很難發覺）。或者當別人提醒你再柔軟一些時，多用真正薰衣草吧！它會幫助你學會分享及適當的溝通，體貼別人及釋放你的愛，這樣一來，未來的日子會更美好哦！

薰衣草代表的心靈能量：無條件的愛與滋養。

★Grace 老師解讀：

薰衣草群聚而生，對環境的適應力很好。而它也很願意用愛去幫助被冷落的獨行俠，溫暖孤獨人的心。

★單一問題 Q&A 解析：

方法：心中想著某件事（說出來也可以），左手伸進摸香袋，請它指引一個方向。抓出的精油是薰衣草。

例如：

Q 我下半年的運勢如何？

A 薰衣草想對你說：可以試著把自己再放柔軟一點，以柔克剛會是對你比較有利的，不管是對自己或對其他人。

Q 最近都睡不好。

A 是不是有些事讓你煩躁？或者是你覺得你想要的關愛沒有你預期的多。試著在睡前薰一點薰衣草加苦橙葉，讓它們幫助你好眠。

★摸香位置解析（方法參考 P17）：

摸出四支精油，薰衣草出現在四個不同位置時，依次的解釋為：

解法

外在	內心	潛意識	解決方法
1	2	3	4 
別人看到的你：外表看起來是個柔軟的人，知道如何去愛他人，也享受被愛。	**內心的真正想法**：很享受、感恩現狀，心裡也很滿足，就算在等待愛情也很怡然自得。	**潛意識想說的話**：和家人或自己的「在愛的關係上」有點混亂，渴望能解開。	可以溫柔以對，但請收回一些過度的付出。

案例

29 歲，Q 小姐，已婚。

摸香順序

外在	內心	潛意識	解決方法
1 	2	3	4 
快樂鼠尾草	**丁香**	**薰衣草**	**苦橙葉**
➡家庭關係	➡無能為力	➡愛的關係	➡想想自己

★案例解讀：

已經結婚的 Q 小姐其實是個很溫柔的人，但婚後不知道是現在家庭，或與婆家的相處關係不佳，讓她有點無力感，很想放下不管了，但又很想解決、打開這個結。家庭問題最難解決，想打開這個結不只需要妳的力量，還要先想想自己，別委屈。

★香氣解套法：

配方一：快樂鼠尾草＋乳香＋天竺葵＋葡萄柚。

心靈療效　每個人看事情的角度都不一樣。在這款香氣裡的快樂鼠尾草，可以幫助你退一步思考與家人的相處模式；乳香可以讓你寧靜的自我修護；天竺葵給你愛的包容；葡萄柚把你和你在乎的人一直牽在一起，希望可以幫助到你。

配方二：薰衣草＋白蓮花＋歐白芷根＋胡荽籽。

心靈療效　當你心裡過度操心，身體的能量也會不足。長期這樣下去，免疫力會變很差，重點會變醜。所以，這款能量配方氣味很療癒，我會建議在睡前拿來擦腳底及後尾椎（或薰香），把煩人的能量往下帶。當你可以睡個好覺、冷靜下來後，或許就會有不同的方向、想法出現哦！

★從香氣喜好分辨出不同特質：

喜歡薰衣草香氣的人：對喜愛的人會無私付出。

不喜歡薰衣草香氣的人：家庭關係有些一言難盡。

㉖ 絲柏 Cypress

「生與死的轉機」這是我到南法看梵谷住過的療養院時，看到院內有好多漂亮又整齊的絲柏樹時的感觸。我不知道當他在畫這些樹時，心裡是不是也在期待著一些轉機。

歐洲很多墓園或路邊都會種植絲柏，所以我是這樣形容絲柏樹的：當遇到生與死，舊與新的轉換下，就應該拋下舊的思維，迎向新的開始。或許，在轉變的過程會有恐懼及失落感，但絲柏樹可以平衡掉這樣的不安哦！

每每有孩子或青少年抓到絲柏精油時，我都會戲謔地對他說：「你這個老頭！你的外表是這麼年輕，身體裡卻住了一個老靈魂。」意思是：他太不像他的年紀了，太早熟！也想太多了。

這樣的孩子心思比較敏銳，在乎朋友或家人對他的看法，擔心在他人面前不夠強大，所以表面會看起來很老成，內心卻還是一個孩子。絲柏可以做的就是平衡這種內外的糾結情緒。

絲柏的功能很多，例如，疏通經絡及收斂體液的功效，包括汗液、痰液。

你身邊是不是有很多孩子或大人，睡到半夜就很容易全身出汗（盜汗）？在中醫，這種症狀是歸類在「腎氣不足」，如果想要止汗，我的方式是乳香加絲柏，加點植物油，睡前擦在後背，效果也很不錯。

絲柏對呼吸道也很有辦法，它可以把身體深處的痰液給引導出來。我會用的配方是乳香＋絲柏＋山雞椒＋檸檬，加上植物油後擦在後背及胸口，也可以用熱敷或泡澡。絲柏也擅長處理靜脈的腫脹及循環不良。有一次，我坐了十四個小時的飛機，在飛機上沒走動，也嘴饞吃了碗泡麵。這下子不得了了，回到家時，我的腳腫得和「麵龜」一樣。於是，我趕緊調一瓶消腫精油（**杜松漿果＋葡萄柚＋絲柏＋檀香木＋永久花＋樺木精油，以 1：1 加約 80% 植物油**），從大腿到小腿到腳趾按摩，然後泡個澡，很快就消腫了。

對於親子間的爭執，絲柏也能幫忙緩解。親子衝突大多是彼此的立場不同造成的，絲柏會協助解決當下兩人的憤怒，並幫助身分的轉換哦！

絲柏代表的心靈能量：沉穩的靈魂等待著轉變。

★Grace 老師解讀：

你的外表就是一個有秩序、又沉穩，即使有一點點的慌張，也不想讓人看出來。

你讓人看不懂的內心，卻是無時無刻在提醒自己——不要逾越了什麼。這種過度冷靜的心其實內心是很寂寞及脆弱的。或許，你正在等一個機會，因為你也想要轉變。

★單一問題 Q&A 解析：

方法：心中想著某件事（說出來也可以），左手伸進摸香袋，請它指引一個方向。抓出的精油是絲柏。

例如：

Q 為何我做事老是碰釘子？

Ⓐ 你是一個很有規矩及條理的人，做事是一板一眼的，所以跟你配合的人覺得跟你溝通很累。其實你可以試著讓自己的思考模式放寬一點，你會發現，沒有什麼事是不能商量的。

Ⓠ 不知道為什麼我很愛買東西？

Ⓐ 太強的購買慾也和內心不滿足有關。當你內心焦慮、又想花錢時，試試薰一下絲柏加佛手柑吧！或把它搓在手上嗅聞也可以。

★摸香位置解析（方法參考 P17）：

摸出四支精油，絲柏出現在四個不同位置時，依次的解釋為：

解法

外在	內心	潛意識	解決方法
	2		
別人看到的你：有點老成穩重的人，不太像他的實際年紀。很愛鑽研某方面知識。	**內心的真正想法**：很多事都覺得不就是應該這樣！有時愛碎唸，發表他的老學究想法。	**潛意識想說的話**：他渴望自己處理事情時可以更穩重、更有擔當，不要毛毛躁躁的。	如果想要有進展或轉機，打開自己，請主動！

案例

12 歲，C 同學，學生。

★案例解讀：

內心是個孩子，但外表是個很老成的人，每件事都會做在標準上，而且守規矩。但有時愛碎唸，這是想讓他人看到他的存在。最近有些事情（學校或家裡）讓他有種有苦難言的感覺，很需要有人可以支持他或給他關懷。有時老實的人配上出其不意，能顛覆他人的想像喔！這也是致勝妙招。

★香氣解套法：

配方一：羅勒＋迷迭香＋檸檬＋薰衣草＋薄荷。

心靈療效　孩子，我不知道你的困擾是什麼，或許是太專注自己而忘了去看到他人的需要，也或許是因為看不懂怎麼和他人相處而苦惱。我想你會喜歡很清醒且清楚要做什麼的自己，於是我幫你調配的配方，除了讓你腦袋清楚外，還請羅勒賦予你慧眼識英雄的能力，看到他人的好處，然後互相合作前進。薰衣草想給你愛的抱抱，你會感受到一股溫暖，讓你不再苦惱。

配方二：佛手柑＋黑胡椒＋花梨木＋薰衣草（薰香）。

心靈療效　在成長的過程中，有些事是要你自己去體會的。如果現在有些事你還是跨不過，或許試試黑胡椒的搞怪新創意，加上花梨木對你的無限大支持，薰衣草暖心的愛，及佛手柑揮揮手，輕輕彈掉你的小憂鬱。就這樣，慢慢的、一點點的轉變，我相信，會帶給你更美好的自己。

★從香氣喜好分辨出不同特質：

喜歡絲柏香氣的人：在保守穩定的狀態中會感覺很好，喜歡不打擾及不被打擾。

不喜歡絲柏香氣的人：思考靈活，不想被困住。

㉗ 維吉尼亞雪松 Virginian Cedarwood

雪松，肯定自我的價值及能量。

在芳療的使用上，我們常見到大西洋雪松及喜馬拉雅雪松（松科），這裡要介紹的是較矮小的維吉尼亞雪松（柏科）。

大西洋雪松：氣味較甜美，也有心平氣和的感受，適合在靜坐時或辦公室會議裡使用。

喜瑪拉雅雪松：適合溝通後去解決問題。

維吉尼亞雪松：可安撫情緒上的浮躁，進而去接受很多的不完美。

它是棵平和、冷靜，卻很有能力的大樹。如果想要征服它的心，請你比它更有能力。只有讓它傾慕，這樣才有辦法使它臣服於你。

有一些案例都是在職場上的。其實雪松的能力很強，也很有修正自我的功能。但有些上司因為某些原因，不給他舞台或發揮的空間，也不認同他（這樣的事情很多）。因為認知的價值觀不同，長時間下來會讓他對自己失去信心，有種沒遇上好伯樂的感覺。這也對應到頂輪的缺憾——看不懂他人想要的。

其實這樣的人才流失了很可惜。我會用雪松＋甜橙＋蓮花，請他們薰香，好強大自己的信念，也幫助他人際上能更圓融。另外，對於容易衝動或表面平靜，內心常噴火的人也很適用雪松、甜橙、薄荷。

除了心靈療癒外，維吉尼亞雪松也是男性古龍水及保養品廠商的最愛，擁有沉穩內斂的味道。

維吉尼亞雪松代表的心靈能量：肯定及強大自我的價值及能量。

★單一問題 Q&A 解析：

方法：心中想著某件事（說出來也可以），左手伸進摸香袋，請它指引一個方向。抓出的精油是雪松。

例如：

Q 測測我明年的運勢。

A 你是不是心中有規劃一些目標，但是又怕會做不好、不受到他人的認同？你是一個很有能力的人，你應該相信你自己。

Q 想要和朋友一起合作創業。

A 你的能力很好，在合作之前，千萬要記住！每個人都有自己的優點，所以要看到他人的能力而加以相互配合，「人和」是很重要的。

★摸香位置解析（方法參考 P17）：

摸出四支精油，維吉尼亞雪松出現在四個不同位置時，依次的解釋為：

解法

外在

1

別人看到的你：是個很有能力的人，很想表現出來讓大家都知道。

內心

2

內心的真正想法：感覺有點高傲不好親近，但能力是很不賴的。

潛意識

3

潛意識想說的話：很努力把事情做好，渴望被人認同，覺得自己是個有能力的人（但自信偏弱）。

解決方法

盡情發揮你的魅力及天份，不用客氣。

案例

32 歲，V 小姐，藝術工作者。

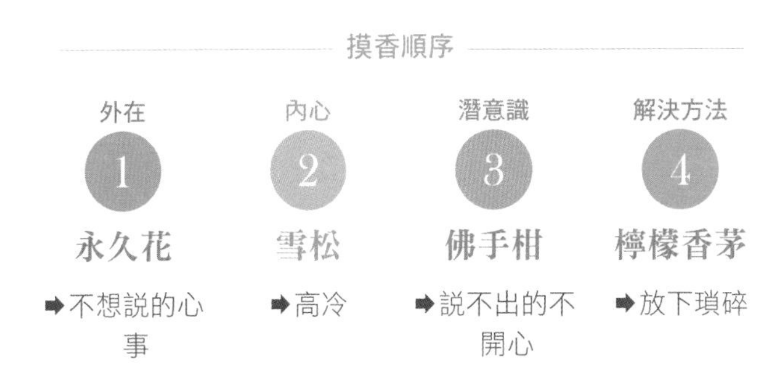

★案例解讀：

V 小姐是個能力很好，而且很知道自己方向的人，對於自己的人生有規劃。她最近發生了一些不愉快的事，讓她覺得很不舒服，但也不想去談，只感覺到她有一種淡淡的、說不出的憂愁。有能力的妳，除了自己的未來，其他都是瑣碎的事。可以不開心，但不要太久喔！

★香氣解套法：

配方一：茉莉＋葡萄柚＋甜橙＋雪松（薰香或當油性香水）。

心靈療效　首先看到你的狀況，我很想幫你解決的是「人和」。一個有能力的人，只要人際關係順暢，到哪裡都會意氣風發，而且心態會改變，就算會有鳥事發生，你也會一笑而過。

茉莉擅長的就是放鬆焦慮、低落的情緒，讓你先放下很多的執著。接著，愛交朋友的葡萄柚及甜橙，鼓著肥嘟嘟的身體一湧上前，圍繞著你，給你屬於它們的熱情。當然，做很多事「自我強大」的能量是一定要有的。原本就屬於你的雪松會一直陪著你，讓你有源源不絕的更新能力。

配方二：乳香＋永久花＋零陵香豆＋薰衣草（擦胸口）。

心靈療效　我不知道你過不去的事情是什麼，但我估計也沒有很久，至少還沒到讓你深入骨髓、毒發身亡的地步。雖然我想叫你放下，但我也明白，「放下」說的簡單，卻沒這麼容易。

所以，我的「開心」配方裡的永久花、零陵香豆，擅長解開心裡卡住、無法流動的鬱悶。因為你也不想讓他人知道，那只好請自癒能力強大的乳香來幫忙了。最後，薰衣草會給你滿滿的愛與關懷，讓你慢慢解開心中的不舒服，才能朝你的大目標繼續前進。

★從香氣喜好分辨出不同特質：

喜歡雪松香氣的人：對於目標會強勢的完成，有條理，是個霸氣的人。

不喜歡雪松香氣的人：對於任何事都不強求，溫婉、隨興。

28 側柏 Arborvitae

這支精油，我原本不想寫進書裡，但側柏這棵大樹實在讓我太心疼了，我想幫它正名一下，說說它們的任勞任怨。

古老的柏科植物可以生長到 800 ～ 1000 歲，側柏就是其中的翹楚。它有一個稱號叫「生命之樹」。它懂得生命的珍貴、生存的規律，懂得如何和大自然合作，努力的向上生長，不去和周遭的生物、植物計較。

我是這樣看側柏的：它就像個高大、厚實、有韌性、有禮貌、不太說話，但卻會專注地在身旁守護著我們的人。只要有它能做的事，它一定會立刻上前協助，完成你所有的需要，然後再退到屬於它的角落，不爭奪、不計較、不搶功，是個十足的暖男（女）代表。

對於側柏，我只有心疼。心疼它們的無私付出。它們不會為了利益而做事，只會默默的在等你發現它，然後給予它一個擁抱說：「幸好有你！」就這樣，它們一定會感動到內心激動而淚眼汪汪。這是真愛！別錯過它！也請好好地對待內心脆弱的他（她）。我很愛這樣的木質味，給人放鬆及安穩、有依靠的感覺（男人味）。

側柏＋柑橘類薰香，更會帶給人高瞻遠矚的視野，讓人看得遠也看得開。

對於壓力緊張引起的神經系統問題，例如，強迫症、焦慮、妄想症，我會用薰香的方式來緩解，也適合舒緩辦公室的緊張氣氛。側柏一滴＋佛手柑三滴＋薰衣草兩滴，效果很好。

側柏很適用於太張揚外放的人（嘴巴很會講但不見得會做）。可慢慢幫忙裡外比較融合，改善只說而不做的性格。

在身體療癒上，大樹類對呼吸道系統都有很好的協調作用。

我喜歡用側柏來化痰（很多咳嗽是痰咳都咳不完的），及處理皮膚上的疣、癬、鵝口瘡等問題；它對於提高身體免疫力的效果也不錯。

一般側柏的枝葉提煉出的精油是有神經毒素性的，六歲以下的孩子不能使用，所以在選擇時，可以挑選樹心萃取的精油是最安全的。

側柏代表的心靈能量：無怨無悔的守護。

★Grace 老師解讀：

忍耐、體貼、善解人意，就是他們會做的事，趕都趕不走。當你們身邊有這樣的人時，請不要占他們便宜，只要給他們一句暖心的話及擁抱，就是他們最需要的。

如果你的身邊沒有側柏，那我只能說——真是太遺憾了！

★單一問題 Q&A 解析：

方法：心中想著某件事（說出來也可以），左手伸進摸香袋，請它指引一個方向。抓出的精油是側柏。

例如：

Q 剛剛接下一個新工作。

A 在這個新工作裡，你會很任勞任怨，很努力想完成，而且很甘願。

Q 請問孩子的個性？

A 他是一個很願意幫助他人、付出一切的暖男，只不過要多給他一點鼓勵，讓他更有自信。

★摸香位置解析（方法參考 P17）：

摸出四支精油，側柏出現在四個不同位置時，依次的解釋為：

解法

外在

1

別人看到的你：保守又低調的人，不是很會說話，但是會用行動和表情表達「我在守護你」。

內心

2

內心的真正想法：在內心深處，處事謹慎也保守，不太會表現自己，自信心會稍弱，但需要幫忙時會出現。

潛意識

潛意識想說的話：默默做了很多事，渴望自己有存在感、能被關注。不在意物質上的，只在乎心靈上的給予（關心）。

解決方法

無止盡的妥協及付出累嗎？可以先想想自己要什麼，不用一直為了別人的期待來完成所有事。

案例

45 歲，女性，家庭主婦。

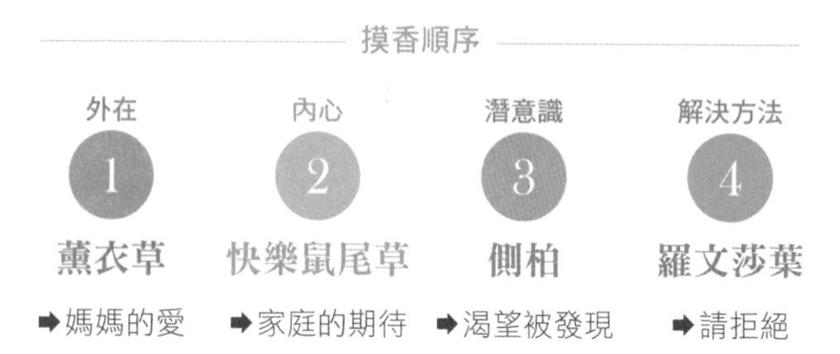

★案例解讀：

這位媽媽非常溫柔，她很愛她的家庭，盡心盡力，也很照顧身邊的任何人。但可能是照顧得太久了，她發現大家都覺得她照顧的理所當然，家裡人很少去關心她，只會要求她。她有點失落，也不開心，覺得自己被冷落了。無怨無悔的付出如果沒得到回應，那就照顧好自己，拒絕理所當然的要求。

★香氣解套法：

配方一：橙花＋甜橙＋檸檬＋花梨木。

心靈療效　這位媽媽千萬不要難過！這世界上有太多媽媽，一輩子任勞任怨，但卻得不到家人的關心。沒事的，要不到的我們自己給。希望這款暖心魔法香氣，可以化解你的失落。

常常沒把憂鬱看在眼裡的橙花小公主，希望它帶給你一點任性及撒嬌的功力；甜橙、檸檬，帶給你開心的能量及一點與眾不同的魅力。最後，擅長帶給人依靠的花梨木暖男，也趕來給你一個溫暖的依靠。

其實，媽媽們都太善良了，有時對家裡的人耍一下賴也是好的。讓他們發現媽媽也會脆弱，也需要被關心。接下來就看妳的囉！

配方二：茉莉＋佛手柑（或甜橙）＋天竺葵＋檸檬＋廣藿香。

心靈療效　我也是一個媽媽，對我來說，除了照顧家裡的人以外，不和社會脫節，多學習、多愛自己，是我一直以來的信念。

我想把常常用來鼓勵自己的香氣送給妳。這是一款讓人很愉悅、很放鬆的香氣，為我帶來很大的前進動力。當心情好時，很多事都會淡然處之、更冷靜，才會看到未來更美好的自己。祝福妳！

★從香氣喜好分辨出不同特質：

喜歡側柏香氣的人：是個可以守護他人的人，老實又誠懇。

不喜歡側柏香氣的人：有些膽怯，對於承擔責任會有抗拒。

後記　芳香魔法夢境

摸香手法到這裡暫告一個段落，我不知道這樣會不會幫到你們對身旁的人有更多的了解，但我是這樣化解掉很多人與人、自己心裡與他人心裡的坎。

純粹的香氣能帶給人很多的能量支持，也能幫助在身體與心理上達到平衡。有常用精油習慣的人一定很有感覺。

在寫這本書的那一陣子，我正好和一群學生瘋狂的討論精油所引出來的夢，帶給自身的反思、身體及心理的療癒功能。

其實夢境的發生，在中醫、西醫、占卜等等有很多說法。在芳療的使用裡我們相信，可以藉由精油能量的傳導，讓淺意識來通知我們身體上或心理的，想面對的或不想承認的一些疾病訊號。

這是一件很神奇的事，也都是實際案例。

我們在上芳香療癒課時，會協助學生開啟一些自我感知能力，目的是想了解一些夢境中的引導及話語，再來解決他內心的困擾。所以，有興趣的人可以一起來看看他人的實例，或許也剛好呼應到你們的困擾哦！

Grace 解的夢也是一種直覺力。或許會有人有更專業的看法，但這都不重要。重要的是，如果能解決當事人的疑惑，這也是好事一樁。

在書的最後，獻上這神奇的魔法夢境。

Grace 也要在此聲明：

本書上的翻譯模式及案例、夢境，都是從 1000 多個案例上去摸索出來的軌跡，也是我自己的感受。這沒有標準答案，也有學生的感知比我強，翻譯得比我好！總之，多多練習，或許你們也能找出自己的模式！

芳香魔法夢境一

第一則夢境是我自己發生的，當時我正在寫這本書。

那晚有一個學生跟我說她面臨的問題，是人際上糾結的事，讓她很難過。我們足足聊了一個小時後，也給了配方。我在睡前自己擦了歐白芷根＋芫荽在腳底。結果夢境就一直像看電影一樣播放著那個學生發生的事。最後，一瓶廣藿香精油出現在我面前。有個聲音要我拿給她。我的夢很好玩，怕我忘了，還播了兩次精油瓶子。

起床後，我打電話給那個學生，她說她剛好看到我上次上課時講的一段筆記：廣藿香，代表包容、原諒、信任、疏通心裡的祕密，把想說的話都說出來。

這下子，我們兩個都驚訝極了，因為我昨晚給她的配方中忘了加上廣藿香，我正衡量著要不要將夢境說出來，畢竟這也是她的痛。

至於我為何擦上歐白芷根及芫荽後，可以看到她發生的事？你們要不要試著啟動你們的想像力呢？如果有機會見面，我會準備好禮物，等待你們的答案哦！

芳香魔法夢境二

個案：H 同學

配方：用岩蘭草，睡前在腳底滴三滴。

我夢見買車、買房子。買的是已經裝潢好的房子，房子裡面像迷宮一樣很大。順著走進去，一開門，門裡面連接的是一個警察局的辦公室，裡面走出來一位叔叔，看起來是很正直可靠的那種人，他和我說了很多話，但我醒來就記不住了。

房子的位置很好，是三個路口的交會處。

後來我還看到一個小花園，有一些植物的長根深深的紮在土裡面。

Grace 解夢

你心裡應該很渴望可以買車、買大房子，而且位置要好。夢裡是你的希望。

但房子裡居然還連著一個警察局，這應該是你擔心的事。因為你做代購，怕回國時會被搜查。

在警察局走出來的是一個可靠的叔叔跟你聊天，這也是他要告訴你的事——安啦！

在這個夢裡，我看到的重點是紮根的植物、房子。這是一種想獲得安全感的意象，也跟身體有關。

它也想告訴你，你真的很努力，一切都會順利，但身體要注意血液循環、免疫系統。要多運動，這都是你的根，因為沒有健康的身體，再拚什麼都是沒有用的哦！

芳香魔法夢境三

個案：O 同學

配方：天竺葵，在下腹、腳底各滴 2 滴精油。

因為要交芳療作業的關係，以前睡覺時很少有夢。但這幾天擦天竺葵，每天都夢到一個模糊的男生背影，沒轉過身，我也沒辦法靠近。

Grace 解夢

如果沒意外，你應該有一段感情是你不想再去提起的，這是一種傷痛。

這個模糊的男生背影，我想應該是有時清楚有時模糊吧！

當他模糊時，天竺葵是在提醒你：不管那段感情有多傷人、有多難受，畢竟它已經過去了。

當他清晰時，天竺葵想點醒你：適合你的那個人就在不遠處，但你要放下才有辦法前進。當你真的想接受一份新感情時，自然就可以看到他是誰了。祝福你！

芳香魔法夢境四

個案：B 同學

配方：歐白芷根，滴兩滴擦腳底。

這個夢發生在午睡時，因為想補補氣虛，所以我下意識抓了歐白芷根，然後腳底一滑就睡著了，我在夢中，還來到一個陰陰暗暗的地方。那地方很可怕，有很多鬼魂要追我，也有很多屍體及內臟。我雖然很害怕，但也不知道為什麼，就拿起一個布袋，把屍塊、內臟一個個撿起來放進袋子裡。後來我就醒了。

Grace 解夢

你最近在害怕或擔心什麼事？是跟生殖內分泌系統有關的。

你是一個做事非常認真的人，戰鬥力十足，嚴以律己。而且，你很會照顧別人，這是歐白芷根大天使的特性。就因為你太認真，這些飄來飄去的鬼魂，代表你內心怕自己沒把事情做好的恐懼。地上的屍塊及內臟，是你內心的隱憂。雖然你很害怕，但你也不知道該怎麼處理，只好拿布袋裝起來，眼不見為淨。其實你可以說出來請他人協助。

你知道如何照顧別人，也要給機會讓別人來照顧你。或者歐白芷根多擦兩天，讓它幫你把恐懼能量消除掉也是可以的。

芳香魔法夢境五

個案：Q 同學

配方：用乳香加豆蔻在胸口滴 2 滴。

夢見像海浪一樣的大洪水。

在下課的時候，所有的同學們都在操場上，忽然，洪水像海浪一樣奔湧而來。

我還在看後面怎麼了，就聽見大家一起在喊：「洪水來了！快跑！」於是，我也拔腿就跑，跑向對面的山上。

去山上是去找我一個閨蜜的，可是我找了一圈也沒找到她。

洪水退去後，我又回到學校。

沒有電沒有水，所有班上的同學集中在一個屋子裡休息。

然後情況非常混亂，我就安排大家統一起來資源共享，還得到了成果。大家對我的安排都表示非常滿意。後來好像回來了一個類似班長的人，然後我就沒有再管了，就離開了。

Grace 解夢

我看到的是「大水來了」，你跑了，是直覺反應，但你沒有很慌張，這和你現在的現實處境應該很相像。閨蜜是你覺得可以伸出手來援助你的人，但你沒找到她，可能後來也覺得其實你自己就能克服一切困難。

後來，你回去組織團隊，這就和你的事業有關，因為你想這麼做。大水或許是困境也是一個轉折點，你知道你會跨過也能跨過。但當你跨過後，有人接手了，你就會往前走，再去克服另一種挑戰。

就像將軍征服一場又一場的戰役般，它要告訴你：「前進，就對了！」

雖然豆蔻加乳香是個領導者的格局，但要注意的是：要注意現實面，不要被新鮮的人、事、物牽著鼻子走。對於未來，要冷靜地先想好再進行下一步。

我的手上有無數的芳香魔法夢境，真要認真寫，包括解決方式，都可以再出一本書了。這些案例是想帶給大家不同的體驗——原來植物的能量可以這麼大，這麼有趣、這麼好玩。

最後的感謝：

這本書的完成要感謝很多人。協助我放大空間及創意的 Ethan 老師；號稱植物百科的康康老師，以及我的大內總管 Sonia；慧眼識英雄的總編；一直鼓勵我的弟弟與我無數無數的學生群們。沒有你們的幫忙催生，這本書是不會順利出現的。

這本書自 2017 年出版後，獲得了大量讀者鼓勵，因此我決定推出第二集。以全新的精油植物探索更複雜的內心。同時將代表原始生存力和需求的第一集做了許多增補，讓兩本書由淺入深更有連貫性。

我明白，看書還是會有很多的盲點及不明白，應該有很多想問的。請關注我們的平台，到時會有溫馨的見面會，我也期待大家的到來。

Grace

2023 年 6 月

附錄　植物的心靈能量&是或否

※「是或否」中的「可突破」代表：有努力的空間、行動了，結果就會不一樣。

精油	代表的心靈能量	代表的是或否
1. 岩蘭草	穩定的安全感。	是
2. 生薑	能給予一個溫暖的能量，支持想改變的你走出去。	是
3. 廣藿香	信任！信任！信任！	是
4. 花梨木	強大的支持力量，溫暖內心的冷漠。	是
5. 快樂鼠尾草	智慧、經營家庭及人與人相處間的智慧。	可突破
6. 丁香花苞	化解對於現狀無能為力之感，帶給人信心及溫暖的力量。	否
7. 玫瑰天竺葵	不要因為回憶而感到傷痛，其實幸福就在你身邊。	可突破
8. 黑胡椒	點燃生活中的冒險因子，讓想像力及創造力到處奔馳吧！	是
9. 檸檬	給予能量及專注力，協助你擺脫負能量。	是
10. 萊姆	化解對生活及對婚姻中的有苦難言。	否
11. 檸檬香茅	快速轉動的思緒及前進的動力。	可突破

12. 杜松漿果	協助掃除不潔或被迫害的感覺。	否
13. 永久花	時間無法療癒傷口，只是覆蓋了。打開吧！面對並療癒它。	否
14. 佛手柑	找到莫名的憂愁，注入新的感受。	否
15. 伊蘭伊蘭	生氣盎然，不管在任何狀態下都是美好的。	是
16. 苦橙葉	需要被關注及被支持的愛。	否
17. 茶樹	學習是提升魅力最好的方式。	可突破
18. 尤加利	表達直接，期待新的轉變。	是
19. 豆蔻	有能力，會為自己發聲也為別人發聲。	是
20. 羅文莎葉	勇敢説「不」。	否
21. 甜羅勒	有能力的人找到方向。	是
22. 葡萄柚	與你愛的人、事、物，都圈在一起。	是
23. 歐洲冷杉	給予支撐的能量，協助理想的完成，但請記得要降低高度哦！	否
24. 冬青	學會再退一步，擁有度過難關的勇氣。	否
25. 真正薰衣草	無條件的愛與滋養。	是
26. 絲柏	沉穩的靈魂等待著轉變。	否
27. 維吉尼亞雪松	肯定及強大自我的價值及能量。	是
28. 側柏	無怨無悔的守護。	是

國家圖書館出版品預行編目資料

精油摸香讀懂你的心：以遊戲的方式,快速解決內心深處的困擾與疑惑／謝溎芝著. -- 二版. -- 新北市：大樹林, 2023.12

面； 公分. --（Change ; 12）

ISBN 978-626-97562-8-5（平裝）

1.CST: 占卜

292.96 112015039

系列／Change12

（新編）精油摸香讀懂你的心（附卡牌）

以遊戲的方式，快速解決內心深處的困擾與疑惑

作　　者 / 謝溎芝（Grace）
總　　編 / 彭文富
編　　輯 / 王偉婷
潤　　稿 / 黃惠娟
排　　版 / 弘道實業有限公司
設　　計 / FE設計・張慕怡
插　　圖 / 湘紜設計工作室（28張植物插圖）、Renren（部分情境插圖）、黃先麗（P.16圖）、123RF（P.99、P.159）
出 版 者 / 大樹林出版社
地　　址 / 235新北市中和區中山路二段530號6樓之1
通訊地址 / 235新北市中和區中正路872號6樓之2
電　　話 / (02)2222-7270　　傳　真 / (02)2222-1270
網　　站 / www.gwclass.com
E－mail / editor.gwclass@gmail.com
FB粉絲團 / www.facebook.com/bigtreebook
總 經 銷 / 知遠文化事業有限公司
地　　址 / 222深坑區北深路三段155巷25號5樓
電　　話 / (02)2664-8800　　傳　真 / (02)2664-8801
二　　版 / 2023年12月

微信｜服務窗口

台灣｜服務窗口

大樹林學院官網

相關課程、商品訊息請掃描

定價：780元／港幣：260元　　ISBN / 978-626-97562-8-5